Pierluigi Romeo di Colloredo Mels

Rodolfo di Colloredo

Un Feldmaresciallo italiano nella Guerra dei Trent'Anni

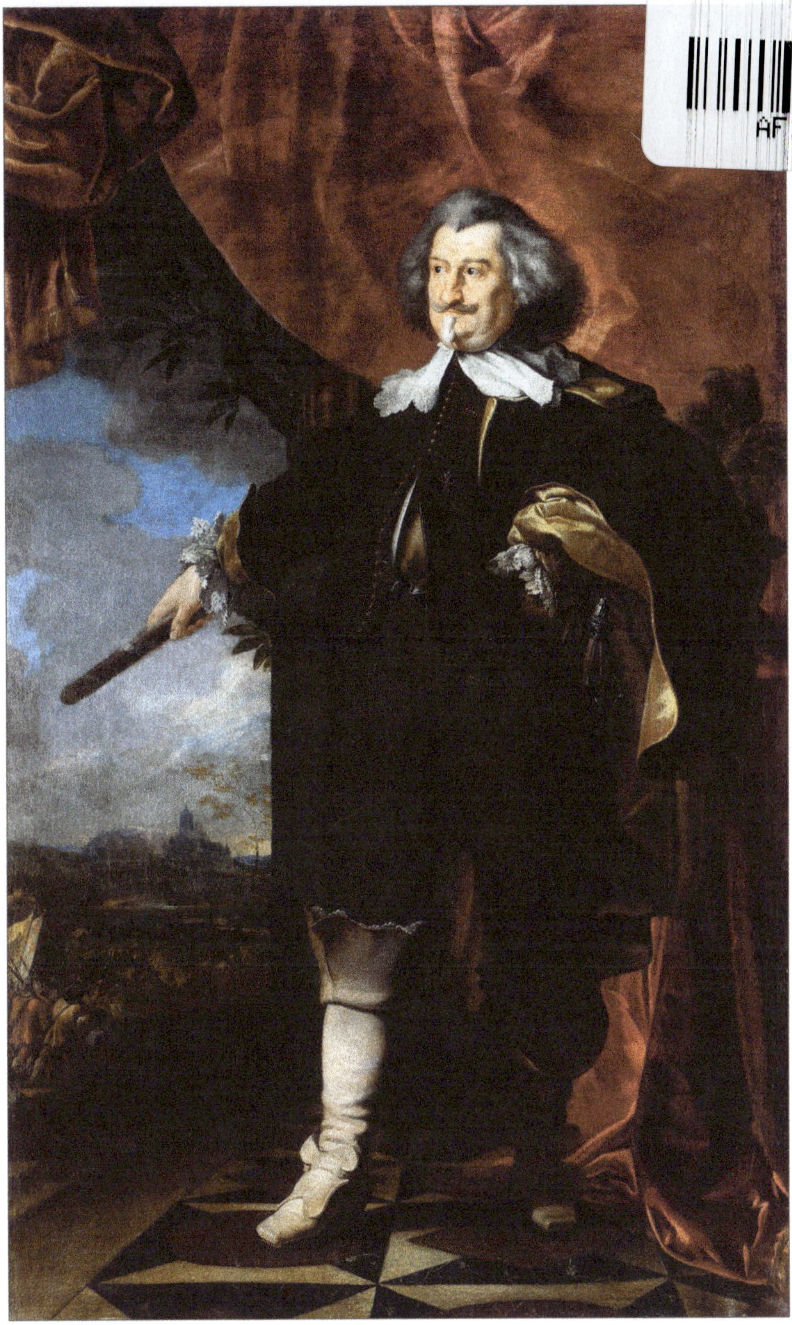

HB

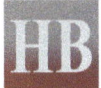

AUTORE - AUTHOR:

Pierluigi Romeo di Colloredo Mels, è nato a Roma l'11 febbraio 1966. Archeologo e storico, si è laureato in Lettere presso l'Università di Roma La Sapienza con tesi in Egittologia; si è specializzato in Archeologia Orientale (indirizzo egittologico) ed ha conseguito il Dottorato di ricerca presso l'Università degli Studi di Venezia "Cà Foscari". Ha prestato servizio militare come Ufficiale dei Granatieri di Sardegna ed è Capitano della Riserva qualificata. Appassionato di storia militare, è autore, a fianco della produzione scientifica legata alla sua attività, di numerosi saggi storici, e in particolare di una serie d'opere basilari sui reparti delle Camicie Nere, presenti anche nella Library of Congress di Washington e nelle biblioteche delle università di Berkeley, Stanford e Toronto; Le Camicie Nere sul Fronte Russo. È considerato uno dei più accreditati biografi del *Generalissimo* Luigi Cadorna, cui ha dedicato tre saggi fondamentali.

Luca Stefano Cristini, bergamasco, appassionato da sempre di storia militare. Dirige da diversi anni riviste nazionali specializzate di carattere storico e uniformologico. Ha al suo attivo numerose collaborazioni con i principali editori di materie storiche come Albertelli, De Agostini, Mondadori (Focus) e Isomedia per varie loro pubblicazioni.

Ha pubblicato un importante lavoro, su due tomi, dedicato alla guerra dei 30 anni (1618-1648) il primo mai stampato in Italia sull'argomento. In questo volume è l'autore delle tavole a colori.

NOTE AI LETTORI - PUBLISHING NOTE

Tutto il contenuto dei nostri libri, in qualsiasi forma prodotti (cartacei, elettronici o altro) è copyright Soldiershop.com. I diritti di traduzione, riproduzione, memorizzazione con qualsiasi mezzo, digitale, fotografico, fotocopie ecc. sono riservati per tutti i Paesi. Nessuna delle immagini presenti nei nostri libri può essere riprodotta senza il permesso scritto di Soldiershop.com. L'Editore rimane a disposizione degli eventuali aventi diritto per tutte le fonti iconografiche dubbie o non identificate. I marchi Soldiershop Publishing ©, e i nomi delle nostre collane - Soldiers&Weapons, Battlefield e War in Colour sono di proprietà di Soldiershop.com; di conseguenza qualsiasi uso esterno non è consentito.

None of images or text of our book may be reproduced in any format without the expressed written permission of Soldiershop.com. The publisher remains to disposition of the possible having right for all the doubtful sources images or not identifies. Our trademark: Soldiershop Publishing ©, The names of our series: Soldiers&Weapons, Battlefield, War in colour, PaperSoldiers, Soldiershop e-book etc. are herein © by Soldiershop.com.

RINGRAZIAMENTI

L'Autore desidera esprimere i propri ringraziamenti al marchese Antonino di Colloredo Mels per i preziosi consigli ed osservazioni, all'amico ed editore Luca Cristini per il costante incoraggiamento, ed in primis al cav. Gennaro Belladonna, delegato di Venezia delle Guardie d'Onore alle Reali Tombe del Pantheon, senza la cui cortesia quest'opera avrebbe avuto una genesi ben più lunga.

ISBN: 9788893271479   1a edizione: Ottobre 2016

Titolo: **Rodolfo di Colloredo - Un Feldmaresciallo italiano nella Guerra dei Trent'Anni** (Historical Biographies 005)
Di Pierluigi Romeo di Colloredo Mels. Editor: Soldiershop publishing. Cover & Art Design: Luca S. Cristini. Illustrazioni a colori di Luca S.Cristini.

In copertina : Ritratto di Rodolfo di Colloredo, attribuito a Franz Luyckz

PREFAZIONE

Quando l'amico Pierluigi mi ha sottoposto la sua idea di realizzare la biografia storica del generale Rodolfo di Colloredo ho subito aderito con il massimo entusiasmo. Questo per svariate ragioni.

Il XVII° secolo, specialmente la sua prima metà, indissolubilmente legata alla guerra dei 30 anni non poteva lasciarmi indifferente, dato che come credo sia noto, è un periodo storico al quale sono molto legato e che mi portò alcuni anni fa a scrivere quel grosso trattato generale su quel grande conflitto, il primo testo di questa natura mai realizzato in italiano.

Guerra radicale e guerra capitale quella dei Trent'Anni. Ancor 'oggi non è ben chiara ai più la notevole importanza che questo immane scontro, nato sulla scia dei conflitti di religione e terminato sulla lotta di interessi strategici delle nascenti potenze europee ebbe sullo sviluppo della moderna società europea e mondiale. Eppure dopo il trattato di Westfalia, nascerà la nuova Europa moderna, quella che ancora oggi conosciamo e che della pace firmata a Munster è figlia. Alla fine di una guerra che comportò rovine e lutti proporzionalmente assai superiori a quelli patiti durante i due conflitti mondiali del XX secolo.

I protagonisti della scena di quegli anni 1618-1648 furono molteplici. Dai notissimi Ferdinando II, Gustavo Adolfo e Wallenstein fino ad una miriade di altri personaggi.

In mezzo a questi, pagine gloriose furono però scritte da una piccola ma dinamica progenie di militari italiani, quasi sempre tradizionalmente al servizio dell'Impero. Soldati (e non solo) presenti ininterrottamente nella grande guerra. Dalla Montagna Bianca all'assedio di Praga, questi italiani lasciarono il segno.

Parliamo di Ambrogio Spinola, Mattia Galasso/ Gallas, Rambaldo di Collalto, Raimondo Montecuccoli, Ottavio Piccolomini, dei Carafa, del confessore gesuita di Ferdinando II Guglielmo Lamormaini, (vero Kissinger del tempo) e soprattutto dei Colloredo, fra cui il *General der Kavalerie* Girolamo, caduto sotto le mura di Saint Omer, il colonnello, poi generale, Giovanni Battista, Ermes, più noto come il maggior poeta in lingua friulana ma ufficiale dei corazzieri durante la guerra, e finalmente, ma più corretto dire, soprattutto il nostro Rodolfo cui è dedicato questo importante lavoro, il primo mai dedicato ad una figura tanto importante quanto misconosciuta.

Non mi inoltro ora nel sia pur breve riassunto della vita e opera di Rodolfo di Colloredo lasciando ai lettori la gioia e la curiosità di sviscerare tutto il loro interesse e le loro curiosità nelle ricche e complete pagine del libro. Infine lasciatemi solo dire che pubblicare un lavoro su un grande condottiero italiano del Seicento scritto da un valente storico militare discendente dello stesso (di cui certo Rodolfo andrebbe orgoglioso), cui la parentela non oscura la capacità di giudizio, evidenziando anche le ombre inevitabili, offre emozioni tali che è qui difficile spiegare ma ugualmente credo molto comprensibili.

Luca Cristini

HAEC PEPERIT VIRTUS
Questo ha generato il valore
(motto dei Colloredo)

INDICE:

Prefazione	Pag. 3
Introduzione	Pag. 5
1 - I Colloredo. Una famiglia tra Italia, Austria e Boemia.	Pag. 7
2 - La crudel Zobia Grassa del 1511.	Pag. 9
3 - Rodolfo di Colloredo, un Feldmaresciallo italiano nella Guerra dei Trent'anni	Pag. 17
La corte di Rodolfo II	Pag. 17
Il mestiere delle armi: Dai Tercios alla Guerra di Gradisca	Pag. 19
Il colonello: la Guerra dei Trent'anni	Pag. 22
La calata dei Lanzichenecchi. La guerra di Mantova	Pag. 26
Generalwachtmeister: la battaglia di Lützen	Pag. 35
Il bastone di Maresciallo. Dalla morte di Wallenstein a Governatore di Praga	Pag. 43
Der Jung Graf Colloredo. Girolamo, una carriera all'ombra del fratello	Pag. 47
L'assedio di Praga e il crepuscolo del maresciallo	Pag. 51
Appendice 1 Tra l'Aquila e il Leone: Giovanni Battista di Colloredo (1609- 1649)	Pag. 59
Appendice 2. La discesa degli imperiali a Mantova	Pag. 65
Appendice 3. Ordine di battaglia Imperiale, 1632	Pag. 73
Appendice 4. Relazione dell'attacco et assedio di Città Nova di Praga et Vecchia fatto dal Conte Palatino l'anno 1648, di Padre Florio Cremoma	Pag. 75
Cronologia della vita del Feldmaresciallo Rodolfo di Colloredo Mels e Wallsee	Pag. 79
Fonti e bibliografia	Pag. 83

INTRODUZIONE

La figura del Feldmaresciallo Rodolfo di Colloredo è emblematica di molti ufficiali di alto grado della Guerra dei Trent'anni, oggi dimenticati, soprattutto in Italia, insieme agli avvenimenti che li hanno visti protagonisti- ciò che avviene molto meno in Germania, in Svezia, in Repubblica Ceca e anche in Gran Bretagna, dove questa guerra, una delle più importanti della storia europea insieme a quelle napoleoniche e a quelle mondiali, suscita ancor oggi un vivo interesse. Ufficiali formatisi all'ombra di Wallenstein, Gustavo Adolfo, Tilly ma pure figure fondamentali, che a lungo furono protagonisti assoluti: da Colloredo, appunto, a Gallas, a Torstensson, a von Arnim, a Königsmark.

Colloredo, a parte un passo dei *Promessi Sposi* sulla calata dei *lanzichenecchi*, come li chiama anacronisticamente Manzoni, è oggi avvolto nella nebbia della storia. Anche nel *Wallenstein* di Schiller venne mascherato sotto il nome di Collalto- morto da quattro anni all'epoca dei fatti narrati dal drammaturgo tedesco- per non incorrere nelle reprimenda dell'occhiuta censura asburgica, in un'epoca in cui Franz von Colloredo Mels era vicecancelliere dell'Impero e ministro di polizia. Eppure i due palazzi Colloredo di Praga, i castelli boemi, la memoria di Lützen, della Montagna Bianca, di Mantova, di Praga basterebbero a suscitare l'interesse su una figura principale della guerra, e figura emblematica di un Rinascimento morente che trapassa nel barocco: nato e cresciuto alla corte imperiale della Praga d'oro dell'imperatore folle Rodolfo II, destinato alla diplomazia ma cresciuto al mestiere delle armi, coltissimo e feroce, cavaliere di Malta devotissimo e saccheggiatore, Rodolfo incarna le contraddizioni di un'era in divenire.

Troppo italiano per i tedeschi, troppo austriaco per boemi e italiani, la sua memoria è rimasta nascosta anche per le interpretazioni nazionalistiche dell'ottocento; si aggiunga, per noi italiani, l'ombra sinistra della menzione manzoniana tra i lanzichenecchi di infausta memoria. Abbiamo tentato di riportarne alla luce, sulla base degli archivi, delle lettere degli ambasciatori veneti e di quelle dei contemporanei, la figura, cercando di evitare denigrazioni ed apologie, anche portando lo stesso titolo e avendo lo stesso sangue. Ma se non ne esce fuori la figura di un genio militare come Gustavo Adolfo- posto da Napoleone tra i massimi strateghi della storia- o di un santo difensore della cattolicità minacciata dall'eresia luterana, come piacerebbe ad un certo pubblico, crediamo esca il ritratto di un generale abile, tenace, di un uomo portato al saccheggio, come era normale all'epoca, amante del bello, che ebbe gran numero di onori, anche per la propria nascita, ma che tutti meritò ampiamente, paradossalmente più ricordato in Austria e Repubblica Ceca che nel paese da cui venivano i suoi avi, e nella cui lingua comunque si firmò sempre: *fra Rodolfo di Colloredo*.

Abbiamo iniziato tracciando un quadro della storia della famiglia Colloredo sino alla rottura con Venezia nel 1511 nell'ambito della lotta tra popolani filo dogali e feudatari legati all'impero, ciò che portò la generazione precedente a Rodolfo a fare carriera nelle corti asburgiche, medicee ed estensi, e chiarire perché una famiglia italiana del Friuli fosse così importante in Austria e Boemia, seguendo poi lo sviluppo della carriera di Rodolfo sino alla sua morte, dedicando le appendici alla figura del nipote Giovanni Battista II di Colloredo che da colonnello si distinse a Breitenfeld e Lützen per morire, da governatore veneziano di Candia, combattendo contro i turchi, la descrizione di Cesare Cantù sulla discesa degli imperiali in Lombardia contro Mantova, riportante le lettere del letterato Boldoni che menziona Colloredo, l'ordine di battaglia imperiale nel 1632, una relazione inedita del cappellano don Florio Cremona sull'assedio svedese di Praga del 1648, documenti fondamentali per dare un quadro dell'ambiente in cui il protagonista del libro visse e agì, ed infine la cronologia della vita del Feldmaresciallo.

Infine un'avvertenza circa i gradi, che sono spesso riportati dalle fonti secentesche in maniera sovente imprecisa e contraddittoria, anche per la difficoltà del rendere in italiano i gradi dell'esercito imperiale: così Boldoni definisce Colloredo generale, mentre all'epoca era colonnello (*Oberst* [spesso *Obrist*] *Inhaber*), e così via. Solo nel corso della guerra la gerarchia militare verrà uniformandosi e razionalizzandosi sia pure relativamente e gradualmente.

Pierluigi Romeo di Colloredo Mels.

▲ Ritratto di Rodolfo di Colloredo, difensore di Praga in una stampa coeva

1 - I COLLOREDO. UNA FAMIGLIA TRA ITALIA, AUSTRIA E BOEMIA

La casa militare dei Colloredo si era sparsa per tutte le corti: aveva paggi ambasciatori vessilliferi maestri di spada al fianco dei maggiori principi: i suoi antenati si trovarono coi Savorgnan a sbarrare il varco agli Ungheri, ai Turchi; avevano preso parte alla sorpresa di Marano; erano andati a Lepanto ed avevano saputo morire; la punta delle loro sciabole mostrò imperiosa ai contadini assoldati sulle porte delle chiese le gole alpestri da difendere luccicando negli scontri cruenti sulle balze cadorine, tra le strette del canal di ferro alla chiusa carnica. Avevano vissuto di tutte le angoscie di tutte le convulsioni italiane: oggi vinti domani vittoriosi. Ed erano anch'essi entrati stranieri.

Risalendo all'età in cui Corrado il Salico riceve la corona d'Italia benedetta dal Papa incontriamo Liabordo dei Walsee che con le truppe di Popone patriarca di Aquileia combatte la prima fanteria lombarda stretta intorno l'arca della rivoluzione: il carroccio. Questo Liabordo dei Walsee è il loro avo. Venuto con il re di Germania prende stanza nel Friuli, muove contro Milano e tornato è investito di terre e fonda la nobiltà di Mels Colloredo e Prodolone. Arrigo suo fratello restituitosi in Germania manda i figli con Barbarossa contro la lega di Pontida e i nipoti alla rocca di Duino per dilatare sopra un lembo dell'Adriatico contro il libero comune di Trieste la prepotenza del soverchiante feudalismo; Liabordo prepara in vece una generazione fedele ad Udine e a Venezia che muta parte o fazione ma che pur combatte per la patria nuova, giacché la vecchia patria non ha più nel cuore. Una legge naturale aveva mutato negli stranieri la lingua la fede i costumi e sino l'anima. Si potrebbe dire che in alcuni fatti c'è la mano di Dio...

(G. Caprin, *Lagune di Grado*, Trieste 1890)

I signori di Wallsee erano stati una delle più potenti famiglie sveve, discendenti da Heimerich di Marpach (Eimerico da Marpaco) coppiere di Clodoveo I, re dei Franchi[1], e avo dei conti di Heiligenberg, da cui discendono i Wallsee, i Mels e Colloredo e la casa reale del Württemberg.

Nel 961 Albon (Albone, o Albano com'è più noto) di Heiligenberg era sceso in Italia con Ottone il Grande, quando questi era stato incoronato a Roma dal diciottenne papa Giovanni XII nel febbraio del 962, e aveva fondato, con ogni probabilità, i castelli di Mels e quello che prenderà il suo nome, nel luogo dove cresceva un bosco di noccioli (*coryletum*, da cui il toponimo *Ad Coryleto* di Monte Albano, appunto *Mons Albonis*), Colloredo di Monte Albano. Pochi anni dopo i figli Liabordo ed Enrico di Wallsee scenderanno a loro volta in Italia con Corrado II il Salico. Enrico tornerà a Wallsee, mentre Liabordo si stabilirà nel feudo di Mels, prendendo il titolo di Wallsee-Mels. Con ogni probabilità *Ad Coryleto*-Colloredo occupava la parte più alta della collina, dove venne edificato il *castrum Albonis* o *castrum Coryleti*, su un'area già occupata in età celtica e romana, e sicuramente anche longobarda, mentre il feudo di Albano di Heiligenberg doveva comprendere tutta la collina morenica cui ha dato il nome.

La prima memoria, storicamente certa dell'esistenza della villa di Mels e della signoria che in questa villa tenevano i signori che da lei prendevano il nome, risale al 15 giugno 1126, ed è un atto che si conserva nel Museo Provinciale di Gorizia, il cui regesto venne edito da E. Turus nel periodico *Forumjulii*, anno I, p.24, dal quale si viene a sapere che Romano q.m Piligrino di Cividale dona ad Emma del fu Visconte Duringo di Mels i suoi beni nella contea del Friuli siti in Cividale, Bicinicco, nella Carnia ed altrove, e che tra i presenti è anche il Visconte Reginardo, fratello germano di Duringo.

Guglielmo di Mels, nel suo testamento scritto nell'anno 1303 per mano del notaio Nicolò di Mels, scrive, o meglio detta:

Che nel tempo in cui Corrado II° (1024-1039) venne a Roma per ricevere la corona imperiale dal Papa Giovanni XII°, due fratelli svevi, Enrico ed Eliobordo, che si chiamavano di Valsa, lo accompagnarono in Italia; ed il primo di questi, Enrico, fece ritorno in Germania, dove ancora sono i suoi discendenti, e l'altro, Liobordo, si fermò nella Patria del Friuli, e da lui ebbe origine la famiglia di Mels.

(Bini, *Memorie historiali della famiglia di Colloredo*, vol. II°, cap. I°, msc. della biblioteca del Marchese Paolo di Colloredo).

Secondo quest'affermazione di Guglielmo di Mels, il castello fu fondato tra gli anni 1026 e 1045, e quantunque il territorio di Mels fosse situato nella signoria del Patriarcato di Aquileia, pure la famiglia dei Walsee lo ebbe in feudo dall'Imperatore e non dal Patriarca, ma come risulta dal fatto che questi signori ricevevano l'investitura non dal Partiarca; ma dal conte del Tirolo, rappresentante dell'Imperatore. Avendo in seguito i signori di Mels ottenuto in Friuli altri feudi, specialmente da parte dei patriarchi Gregorio di Montelongo e Raimondo della Torre; Enrico del fu Duringo di Mels nell'anno 1275; e più tardi Rodolfo di Mels, domandarono ed ottennero di essere investiti anche di questo feudo dal Patriarca, anzichè dal conte del Tirolo, con quei privilegi, preminenze e distinzioni onorifiche colle quali il patriarca riconosceva e riceveva i suoi feudi dall'Impero (*Thesaurus Ecclesiae Aquil.*, n. 331, 336, 442, 188 e 189).

Il *Necrologio di Mels* nota come il 27 marzo 1262, il castello di Mels venne non si sa per quali ragioni *abbruciato*, ma venne subito riedificato, i tre figli di Duringo II, Glizioio, Anzuto ed Enrico pensarono ad una divisione, ed in questa ad Enrico fu assegnato il castello di Mels, ad Anzuto quello di Prodolone, ed a Glizoio di Venzone. Il figlio di Glizoio, Guglielmo, vedendo, dice il Bini (1. c., vol. I°) che la signoria di Venzone,

Stante il grande commercio di transito, era per lui causa di continui disgusti col Patriarca, stimò bene disfarsene, e vendutolo, con atto del 19 febbraio 1288, a Mainardo conte di Carintia, ottenne dal Patriarca Ottobono de'Razzi il 4 dicembre 1302, il permesso di fabbricare un luogo di muro alto da terra sei passi e grosso due braccia sopra su una collina situata nella villa di Colloredo, e di fortificarlo con fosse, spalti e muraglie.

Nel 1302 il patriarca di Aquileia Ottobono de' Razzi autorizza Wilhelm (Guglielmo) di Wallsee, signore di Venzone e visconte di Mels, a costruire una *domus* a Colloredo, forse sul luogo del castello di Albano:

Dominus Octhobonus, Dei gratia sancte sedis Aquilejensis Patiarcha, ... concessit ... domino Guielmo predicto... quod...edificare possit de novo et facere domum unam de muro, altam a terra de sex passibus ad passum comunis, cuius muris esse possit grossitudinis duorum brachiorum, in quedam collisello ipsius domini Guielmi in villa de Colloreto et ipsam domum fortificare possit et valeat fossatis et muro.

I suoi figli assumeranno il titolo di conti di Colloredo. I rami germanici dei Wallsee prosperarono non solo in Austria e Svevia, ma anche sulla costa adriatica come signori di Duino e di Fiume; Ugone di Wallsee fu il primo capitano austriaco della città di Trieste, e suo figlio Raimperto V comandò le truppe asburgiche nelle guerre ussite. All'estinzione della casa di Wallsee con Raimperto IV nel 1483, il titolo passerà, come detto, ai Colloredo: del resto lo stemma è sempre rimasto il medesimo, di nero alla fascia d'argento (l'unica differenza era nel cimiero:un' l'aquila sorante (ad ali spiegate) di nero caricata di una fascia d'argento, coronata e rostrata d'oro nei colori della casata per i Wallsee, un semivolo -un'ala d'aquila- con gli stessi colori per i Colloredo), che dal XVII secolo sarà caricato con l'aquila imperiale bicipite del campo coronata d'oro.

---

[1] 466?- 511. Clodoveo si convertì al cristianesimo nel 494 venendo battezzato a Reims; Eimerico fu, perciò, il primo cristiano della famiglia destinata a divenire la casa di Colloredo.
Una leggenda successiva e priva di fondamento storico vuole che Eimerico fosse un cavaliere romano incaricato da S. Elena di portare in Germania un frammento della Vera Croce, per custodire il quale Eimerico avrebbe fondato il santuario di Heiligenberg (Monte Santo).

[2] Con ogni probabilità *Ad Coryleto*- Colloredo occupava la parte più alta della collina, dove venne edificato il *castrum Albonis* o*castrum Coryleti*, su un area già occupata in età celtica e romana, e sicuramente anche longobarda, mentre il feudo di Albano di Heiligenberg doveva comprendere tutta la collina morenica cui a dato il nome.

▶ Il castello Colloredo di Monte Albano (UD) fu uno dei più sontuosi castelli del Friuli, i cui fasti sono legati alla famiglia dei Colloredo, discendenti dei Mels. Il castello fu iniziato da Guglielmo di Mels nel 1302 con l'autorizzazione del patriarca di Aquileia. Nel 1420 dovette capitolare alle armi veneziane; nel 1511 fu saccheggiato durante la rivolta contadina (Crudele giovedì grasso).

2 - LA CRUDEL ZOBIA GRASSA DEL 1511

Nel 1511, il 27 febbraio, mentre impazzava il carnevale, Udine fu investita dalla furia delle *cernide* e dei popolani in quella che passò alla storia come la *Crudel Zobia Grassa*.
I popolani- capeggiati da Antonio di Savorgnan, che, con soldati cividalesi comandati da Alvise da Porto, suo nipote, aveva inscenato un falso attacco imperiale da parte dei lanzichenecchi di Odorico di Colloredo alla città, provocando prima il panico e poi la reazione - attaccarono insieme alle milizie note come *cernide* e bruciarono i palazzi di

...Tutte le casade suspette et rebelle: tutte le casade de Colloredo, eccetto messer Camillo et quelli del Mels: tutti gli Strasoldi eccetto messer Zuanne: le casade delli Candidi: le casade delli Gorghi: tutte le casade de Brazzacho et de Cergneo: la casada della Frattina con suoi nepoti del Gorgo: tutte le casa de Zucco, Cuccagna et Partistagno: le casade de Berthulini: la casa de messer Martin delli Valantini; la casada de messer Francesco Paona; la casada de Castello; la casada de Suldunieri, la casada de Monfalcon, gli Sbrugli et Guarienti[1],

come il Savorgnan aveva ordinato, oltre a quelle dei *Turriani et Camillo Colloredo*, il quale pur apertamente sostenitore della Serenissima- era colui che aveva disfatto gli imperiali a Marano al tempo del padre di Antonio- era soprattutto un Colloredo, famiglia verso la quale il Savorgnan provava *mortalissimo odio*[2].
Già il 25 gennaio 1511 Antonio Savorgnan denunciò al Consiglio dei Dieci i suoi nemici, chiedendone l'allontanamento da Udine, segnalando come capi del partito filo imperiale Luigi della Torre, Teseo di Colloredo, Jacopo di Castello, Francesco de Cergneu:

...Et è somma necessitade che la Serenità Vostra o lievi la persona mia da questa patria o vero lievi loro quatro videlizet ser Jacomo de Castello, ser Alvise de la Torre, ser Theseo de Coloreto, et ser Francesco de Cergneo. Tutti e quattro, indubitatamente aspectano lo Misia, et lo advento de Todeschi, et sono inirnicissimi del Stado di Vostra Serenità[3].(...)
Et levati questri quattro tuto lo paese serà de uno animo, et de uno volere.

Quando giunse la notizia che Antonio Savorgnan aveva radunato ottocento popolani per assalire i palazzi dei nobili, Luigi (Alvise) della Torre e i suoi decisero di mettersi in salvo finché erano ancora in tempo,

Ma sul fin restarono per dissuasion di messer Theseo Colloreto che, svilando esso Antonio [Savorgnan] dechiarava di quanto scorno gli saria partendosene mostrar havesseno paura di lui et non fussino sufficienti al contasto, per modo che perdariano lor reputation[4].

I cadaveri dei nobili massacrati furono spogliati e abbandonati per le vie del centro, se non lasciati come pasto ai cani, come accadde con Luigi della Torre, suo figlio Nicolò, sposo di Caterina di Colloredo, Teseo e Federico di Colloredo[5], quest'ultimo sventrato prima di essere finito, o trascinati nel fango e poi gettati in prossimità dei cimiteri. I rivoltosi indossarono poi gli abiti dei nobili inscenando una macabra mascherata e imitando i modi degli originari possessori incarnando di fatto lo spirito del *mondo alla rovescia* tipico del carnevale. Contemporaneamente, nella voluta indifferenza dei veneziani, Gli abitanti dei villaggi, per lo più contadini, *armati come per andare in battaglia* assediarono i castelli e le dimore nobiliari: furono presi con la forza i castelli di Zucco, Cergneu, Tarcento, Colloredo (che resistette, anche se venne incendiato e danneggiato il torrione nord), Susans, Caporiacco, Pers, Mels, Brazzacco, Moruzzo, Fagagna, Villalta e Arcano, Spilimbergo, Valvasone, Cusano, Salvarolo e Zoppola. Dell'assedio di quest'ultimo ci rimane testimonianza scritta: presero il castello,

..brusandolo e deturpandolo dalla zima al fondo [...] in mezzo alla corte trasseno nuda madonna Beatrice de Freschi de Cucagna, con madonna Susanna decrepita sua madre [...] ed Madonna Lunarda Tan[n]a, vedova Alvise di consorti [...] usando contro de lei mille rusticità et scherni ala tangharesca, in scambio delle urbanità et cortesie da lei infinite volte recevute...

Saccheggi delle dimore nobiliari si verificarono anche a Tolmezzo, Venzone, Gemona e Tricesimo[6]. I paesani ci presero un po' troppo la mano, e attaccarono anche i castelli di Pinzano, Buja e di Artegna, appartenenti ai Savorgnan.
Non fu l'inizio, ma il crescente inasprimento della faida tra i Colloredo, di origine sveva, da sempre ghibellini e filo- imperiali, e i Savorgnan, sostenitori- sia pure a fasi alterne, seguendo il proprio interesse contingente- del serenissimo dominio[7] sin da quando avevano favorito la vittoria veneziana nel 1420 e la fine del Patriarcato. Non si può dimenticare il saccheggio e la distruzione , da parte di villici istigati da Antonio Savorgnan, del castello di Sterpo, *rocca cinta de acque, e assai forte, de roba piena*, feudo d'Albertino di Colloredo il 30 luglio 1509, con la cattura di Nicolò di Colloredo. Fu un evento che ebbe un'ampia risonanza, tanto che persino papa Giulio II della Rovere condannò il fatto con un decreto di scomunica. Era la vendetta contro Albertino di Colloredo, che aveva militato con il fratello Tommaso ed i figli, tra cui Teseo, negli eserciti degli imperatori Federico III e Massimiliano I, e che l'anno prima aveva ottenuto l'investitura feudale per Teseo.
Le proteste del Parlamento della Patria contro la *temerità contadinesca* ed il Savorgnan al Consiglio dei Dieci non ebbero alcun riscontro, ed anzi, i nobili che avevano parlato davanti al Maggior Consiglio, tra cui Luigi della Torre, Cristoforo di Colloredo ed altri, vennero assaliti dagli stessi contadini che avevano distrutto Sterpo a Mala Zumpicchia[8],

Gli quali zentil huomini, che erano bene a cavallo, scrisse Amaseno, *se non fusseno fuzziti in drio per fino a Valvasone sariano sta mal trattati da essi villani, che erano da duecento in suso tutti armati, le carrette veramente con gli lor famegli scapolarono alla volta di Udine[9].*

La situazione seguita ai fatti del giovedì grasso divenne subito gravissima; Venezia dovette inviare a ristabilire la situazione ad Udine la guarnigione di Gradisca. I nobili non avevano però l'intenzione di farsi ammazzare uno ad uno[10]. Agli inizi del XVI secolo, in questa terra di frontiera, percorsa nei secoli da bande di slavi, tedeschi, carnici, dalle incursioni ottomane, come quelle del 1479[11] e del 1499, che devastò il Friuli centrale[12], insanguinata da faide continue, l'aristocrazia era in gran parte nobiltà d'arme, addestrata sin dall'infanzia a combattere a cavallo e in armatura, nella tradizione medievale, di cui costituiva una componente essenziale la letteratura cavalleresca [13], che fin da bambini improntava le menti all'idea dell'onore, della morte gloriosa e della vendetta. I nobili rifugiatisi oltre il Tagliamento sapevano che, se da soli costituivano un facile obbiettivo, insieme potranno farla pagare cara ai contadini ed ai *cernidotti*.

▲ Ritratto di Rodolfo di Colloredo da giovane

...E i nobili fecero campo insieme e scomenzorno a mazzar villani,

scrive nella sua *Chronica* il canonico Agostino di Colloredo. Gli *Strumieri* si riorganizzarono oltre il fiume, nei feudi dei conti di Porcia, in territori di sentimenti filo- imperiali. Giulio di Porcia, Girolamo e Cristoforo di Colloredo, i della Torre, Giovanni Enrico di Spilimbergo, alla testa di circa settanta cavalieri[14], intercettarono i contadini sul Cellina. I cavalieri in armatura piombarono sul migliaio di contadini e*cernidotti* armati di falci e forconi e delle armi prese nei castelli saccheggiati- ma anche di numerosi archibugi- e li fecero a pezzi, al grido di *Struma! Torre!* e di *Conte! Conte!*[15]:

...Donde habiandoli posti in fuga como castroni spaventati dal lupo [...] sarebbero stati tutti sterminati, se non fosse intervenuto il provveditore pordenonese, lamentando che alla Signoria non sarebbe piaciuto si facessero ragione da sè.

La vendetta dei Colloredo e degli altri nobili fu feroce. Ad un anno dall'eccidio di Udine, nel marzo 1512, Antonio Savorgnan, fuggiasco, abbandonato dai sui vecchi padroni veneziani, dai lui traditi per passare al partito imperiale, e dai nuovi padroni, che non si fidavano di lui, venne individuato a Villach. Partirono per prenderlo Girolamo e Gregorio di Colloredo, Giovanni Enrico di Spilimbergo, Giovanni di Zoppola con i loro uomini.

Secondo la già citata cronaca del canonico Agostino di Colloredo, Colloredo e gli altri gli tesero un agguato presso il cimitero della città austriaca, uccisero uno dei famigli, ne ferirono altri; Antonio Savorgnan, scrisse Giovanni Battista di Cerneu,

...Sopraggiunto e assaltato da Zuan Enrico delli nobili di Spilimbergo, da quello fu nella testa scellerata con la spada con mortal ferita percosso, e subito ivi messer Hieronimo de Colloreto corsovi, da quello fu similmente nel perverso capo percosso, de quale ferite ivi sua prava vita con le cattive intenzioni finì: né fu da quel loco levato, che per divina permissione fu per un porco bevuto del suo sangue, e le cervelle da uno cane magnate[16].

Era la vendetta per l'uccisione di Teseo e Federico di Colloredo a Udine, il cui corpo era stato gettato ai cani [17].

Perché non si deve credere che Dio non fusse justo iudice.

Chiosò nella propria cronaca Agostino di Colloredo.
Non era certo finita: lo stesso anno i Savorgnan riuscirono a catturare Gregorio di Colloredo, lo stesso che era stato liberato dalla popolazione di Villach a furor di popolo, almeno a credere all'Amaseo, e lo impiccarono per vendicare la morte di Antonio. E i Colloredo non rimasero cero inerti, ed insieme ad Ercole della Rovere ammazzarono Giovanni Battista Savorgnan[18]. Le vendette non si limitarono ai Savorgnan, ma anche ai loro famigli, anche a distanza di anni: nel 1521, Girolamo di Colloredo, avuta notizia che il giureconsulto Francesco Janis da Tolmezzo, uomo di fiducia di Antonio Savorgnan, che ne aveva perorato la causa davanti al Consiglio dei Dieci, era rientrato in patria dopo dieci anni passati in Spagna, si affrettò ad assassinarlo; lo stesso fato toccò l'anno successivo, 1522, al podestà di Monza, Nicolò Monticoli, ucciso anche lui da Girolamo di Colloredo, giacché al Monticoli si attribuiva la responsabilità di aver sollecitato l'uccisione dei nobili durante la notte del giovedì grasso 1511[19].
Era una faida che coinvolgeva sì altre famiglie, Venezia, l'Impero, ma che era più personale e opponeva le due famiglie friulane dal 1479, quando Gibellino di Savorgnan abbatté le forche esposte in segno di potere davanti al castello di Colloredo[20].

Da ciò la prolungata nimistà, ricorda Caprin rievocando la faida. *Si scambiano scatole attossicate ; si assalgono proditoriamente di notte o francamente all'aperto. Un Savorgnan minaccia di dar l'assalto al castello di Mels[21] per uccidere il Colloredo che odia e questi fa dipingere di rosso la parte che occupa onde vengano rispettati i congiunti innocenti.*

E prosegue:

Si mandano cartelli per un duello romoroso con la scorta di venti cavalieri per parte in complete armature ; sobillano i vassalli tramano congiure destinando a premio della sommossa gli averi e la testa dell'avversario. Ancora oggi si vede la tinta sanguigna data alla torre da un Colloredo e spicca sul grandioso castello che tra i molti ricordi ha pur quello delle Memorie di un Ottuagenario dettate in gran parte in una stanza del corpo centrale dall'illustre e compianto Ippolito Nievo...[22].

I Colloredo si schierarono, tranne pochissime eccezioni, decisamente dalla parte dell'imperatore, e molti di loro militarono con Carlo V nelle guerre d'Italia, nella lotta contro i contadini del *Bundshuh*, nelle guerre di Germania, in Ungheria, a Tunisi.
Tra essi ci fu il colonnello Giovanni Battista, che catturò con i suoi lanzichenecchi, nella nebbiosa mattina del 24 febbraio del 1525 a Pavia il re di Francia, e che venne massacrato poi in un agguato sul Canal Grande. Suo figlio Marzio giurò vendetta, e fece incidere sulla lama della propria spada *Mihi vindictam*[23].

...Né io m'arrogo di esser capo, scrive Marzio ai fratelli Nicolò, Tristano e Federico Savorgnan in un suo cartello di sfida- *né che principali siano Colloreti in questa inimicizia, la quale non essendo tra Colloreti e Savorgnani, ma fra i feudatarii del paese e il popolo, dico, che con i feudatarii e la mia famiglia, e con il popolo e la loro*[24].

Se Venezia aveva relegato, conquistandolo nel 1420, il Friuli in un angolo della Penisola, tagliandolo fuori sia dallo sviluppo del Rinascimento Italiano del XV secolo che dai tradizionali legami con la Germania, la situazione seguita alla *Zobia Grassa* spinse i Colloredo nelle varie corti italiane e in quella imperiale, fuori da quella che venne chiamata la *morta gora* della nobiltà friulana tra il XVI ed il XVIII secolo.

▲ Castello di Colloredo, con *la Casa Rossa* e *la Casa Bianca*, o *Casa del Signor Ludovicho*, padre di Rodolfo che la ristrutturò nel XVI secolo.

E proprio il conte Lodovico (Luigi) II, padre del protagonista di questa biografia, è emblematico di questa nobiltà che nata tedesca, torna nell'Europa centrale come profondamente italiana. Lodovico è nato in Friuli, si forma come paggio e scudiere di Cosimo I de' Medici a Firenze, si reca prima a Vienna, Cameriere di Ferdinando I, Maggiordomo di Massimiliano II (il Maggiordomo è il primo ministro dell'arciducato d'Austria) poi a Praga, Cameriere Maggiore, ministro, ambasciatore a Londra, dove, come scrive allo zio Pompeo di Colloredo, rappresentante della nobiltà friulana a Venezia, viene accolto benissimo da Elisabetta I,

...La quale è bellissima cortese, e savia, et da tutti questi Cavaglieri della Corte, li quali sono ordinariamente molto amici della nostra natione, et specialmente la Regina la quale parla la nostra lingua italiana, come io, oltre a questa parla la latina la greca, et la franzese, che mi par cosa mirabile in una Donna [25].

Lodovico diventa in seguito precettore e Maestro di Camera dell'arciduca Rodolfo, futuro imperatore, che segue in Spagna alla corte di Filippo II all'Escorial nel 1564 al 1566; suo padre Mario ha ricevuto l'indigenato di Boemia e degli stati ereditari degli Asburgo, ciò che permette ai figli di ricoprire cariche a corte, anche delicatissime: è Lodovico, recatosi a Londra alla corte di Elisabetta I, a proporre al celebre mago ed ermetista inglese John Dee di recarsi a Praga alla corte di Rodolfo, che fa incetta di alchimisti, ed è lui a procurarsi libri proibitissimi per la Cesarea Maestà, libri il cui possesso avrebbe portato chiunque altro sul rogo... non per questo è meno legato agli affari della sua patria: restaura la parte del castello di Colloredo nota come *Casa Bianca* o *Casa del Signor Ludovicho*, è tre volte deputato agli stati provinciali della contea di Gorizia, e da questa delegato presso l'arciduca Ferdinando d'Austria a Graz nel 1600 e 1602, e viene riconosciuto erede dei titoli e dei feudi della casa di Wallsee il cui titolo i Colloredo porteranno sino al 1866 ed all'unità d'Italia, quando venne abbandonato in quanto troppo tedesco...

Lodovico infine si ritirerà nel castello di Dobra, nel Collio goriziano, dedicandosi all'amministrazione dei suoi feudi di Dobra, Cosana e Flojana, lontano dalla corte asburgica e dagli affari di stato cui aveva dedicata tutta la vita. E qui si spegne serenamente nel 1612, lo stesso anno di Rodolfo II, senza assistere alla folgorante ascesa militare del suo primogenito, per il quale Lodovico aveva prospettato tutt'altro destino ed una carriera ben diversa.

[1] Gregorio Amaseo, *Historia della Crudel Zobia Grassa et altri nefarii Excessi et Horrende Calamità intervenute in la Città di Udine et Patria del Friuli del 1511*, cap.VIII, in L. Amaseo e G.A. Azio, *Diarii udinesi dall'anno 1508 al 1541*, Venezia 1884. Ora in L. Bianco, *1511, La "crudel zobia grassa"*, Gorizia 2010, p.128.

[2] Camillo si salvò rifugiandosi nel castello di Udine, sotto la protezione del provveditore veneziano.

[3] *Lo Misia*, ovvero il Messia, era l'imperatore Massimiliano I.

[4] Amaseo, *Historia...*, c. XXXIV.

[5] Quando i popolani catturano Teseo di Colloredo, Antonio Savorgnan lo abbraccia e giura proteggere la sua vita, e ne ordina la liberazione. Subito dopo ordina ai suoi uomini di tendergli un agguato, esclamando *Homo morto non fa la guerra* (Amaseo, *Historia...*, c. LVI).

[6] Amaseo, *Historia...*, in Bianco, *1511...*, 2010, pp.125 segg..

[7] Eccetto il ramo di Savorgnan del Torre, sostenitori degli Strumieri.

[8] Odierna Basagliapenta.

[9] Amaseo, *Historia...*, cap. XIV, in Bianco, *1511...*, 2010, p.133.

[10] Un esempio di come combattevano i contadini. Alla fine del Quattrocento due conti di Colloredo- Bianco non ne fa il nome, e parla solo di *fratelli Colloredo*: si tratta forse di Niccolò e Teseo- che rientravano alla testa dei loro uomini da Tarcento, dove avevano presieduto le celebrazioni per il patrono,

...*procedevano verso il Castello di Colloredo per nulla intimoriti dalle voci che segnalavano assembramenti di villici confidando probabilmente sul numero di armati al loro seguito, e ostentando un livido disprezzo per la "turba contadinesca" appostata in armi. Giunti in prossimità del loro territorio giurisdizionale, all'improvviso vennero assaliti da centinaia di contadini, organizzati in gruppi coordinati, provenienti da numerosissimi villaggi del comprensorio collinare, da Vendoglio, da Rean, da Maiano, da Tricesimo, da Nimis, da Billerio, da Buia. Storditi dal furore degli assalitori, sorpresi e spaventati nel dover sostenerel'urto di quei villici che si muovevano e combattevano come "pubblici nemici addestrati alla guerra" i nobili si rinserrarono in un casolare.* (Bianco, *1511...*, pp.38-39).

Giunti rinforzi armati da Colloredo, i conti riuscirono a spezzare l'assedio ed a raggiungere le proprie terre, dopo aver subito numerose perdite. Due considerazioni possono essere utili: la prima, i Colloredo erano gente d'arme, addestrata a combattere, e furono sorpresi e messi a mal partito dal modo di manovrare e di combattere dei contadini, forse *cernidotti*, da loro disprezzati.La seconda, malgrado ciò, e malgrado il numero soverchiante, diverse centinaia contro una ventina di uomini, i contadini non riuscirono a catturare i ben più addestrati Colloredo, che alla fine riuscirono a sottrarsi all'agguato sia pure a fatica.

[11] In quell'anno Federico Gonzaga, duca di Mantova inviò una lettera ad Albertino di Colloredo per ringraziarlo del dono di un *cavallo turcho*, forse catturato agli *akinçi* turchi, o forse un cavallo arabo (*turcho*, appunto) già appartenente al Colloredo. Federico era celebre per i propri cavalli, e apprezzò molto il dono dello stallone; è una prova dell'importanza dei Colloredo, che evidentemente, a giudicare dal tono della lettera del Gonzaga, trattavano da pari a pari con il marchese di Mantova (G. Ganzer, *Testimonianze dei Gonzaga in terra friulana*, "Antichità viva", XVIII, 5-6 (1988), p. 20; G.C. Custoza,*Colloredo...*,Udine 2003, p.157)

[12] R. Gargiulo, *Mamma li turchi. La grande scorreria del 1499 in Friuli,* Pordenone 1988.

[13] Basti ricordare il ricorrere di nomi come Ginevra, Tristano, Rinaldo, Morgante, nell'onomastica del patriziato friulano dell'epoca. Ciò è evidente anche nell'iconografia: Giovanni da Udine (o il figlio Micillo?) nello *Studiolo* del castello di Colloredo nell'ala appartenente al ramo di Vicardo, probabilmente per Pompeo di Colloredo- è falsa la leggenda che lo vorrebbe commissionato da Ginevra della Torre dopo l'assassinio del marito Gian Battista di Colloredo, appartenente ad un altro ramo, quello di Bernardo- affrescò una Corte d'Amore, con un *hortum deliciarum* ed un cavaliere in tenuta da giostra.

[14] Così l'Amaseo: non è da escludere che secondo le usanze militari del tempo ogni cavaliere fosse accompagnato da una *lancia*. La *lancia* era formata da un *caporale* o *capolancia*, ossia il cavaliere, lo scudiero o *piatta* a cavallo con armamento leggero ed un paggio con funzioni di servitore, per un totale di tre cavalcature. Non è però sicuro se, data la situazione confusa, i nobili abbiano avuto a disposizione un adeguato numero di uomini.

[15] *Struma! Torre!* era il grido di guerra dei Torriani, *Conte!* degli uomini dei Colloredo, opposti *a Marco, Marco! Savorgnan!* degli Zamberlani.

[16] G. B. di Cergneu, *Cronache delle guerre dei friulani coi germani dal 1507 al 1524*, cit. in Bianco, *1511...*, 2010, p.101.

[17] E' interessante leggere il resoconto dell'Amaseo sugli avvenimenti immediatamente successivi all'uccisione del Savorgnan, quando venne catturato Gregorio di Colloredo, liberato a fuor di popolo, mentre il corpo del Savorgnan, disseppellito, veniva gettato nelle acque della Drava.

Et habbiandolo lasciato solo Gregorio Colloreto dellà dell'acqua per fin buttaron zò il ponte, dalli insequenti cavalli lezieri fu preso, ritornandolo dentro della terra, per non haver possuto passar il fiume et per sequir il resto, qual non molto di lontano fu liberato di presone a furor di populo per esser concitato glì in quella sera un terribil nembo con procellosa tempesta, come fusser concorse le diaboliche caterve a rapir quella fetidissima anima [Antonio Savorgnan] *alli supplicitii eterni del profondo abbisso. Et non satisfaccendo di quello, nelli prossimi zorni sentendose nel domo dove era sepolto di notte horribili streppiti, reversando ogni cosa sotto sopra et siando percosso hor questo hor quello, fo excitato il preditto furor di popolo a cavarlo de lì et precipitarlo nel fiume Dravo, donde non parse alla terra che 'l Colloreto dovesse patir alcuna pena per haver consentito alla morte d'un sì perfido traditor, qual non siando stato punito per iustitia humana, dal infallibil iudicio divino era condamnato alli perpetui supplitii del inferno, come evidentissimamente si cognosceva per gli manifestatissimi segni se havevano visti in quel loco, a similitudine d'un'anima di Iuda Scharioth che penasse.*
(Amaseo, *Historia* ...cap.CXXI, in Bianco, *1511, La "crudel zobia grassa"*, 2010, p.196)

[18] BCU, Fondo principale, ms 2473, *Sentenze criminali*, V, 26 aprile 1512. Il della Rovere sarà bandito a vita, ma potrà rientrare nel dominio veneto dopo aver ucciso a Villach Nicolò Savorgnan, bandito dal Consiglio dei Dieci. Rientrato in Friuli sarà a sua volta assassinato da Tristano e Giacomo Savorgnan: Bianco, 1511..., p.106.

[19] Bianco, 1511..., p.102.

[20] G. C. Custoza, *Colloredo. Una famiglia e un castello nella storia europea*, Udine 2003, p.75.

[21] In realtà la Casa Rossa è parte del castello di Colloredo di Monte Albano e non di quello di Mels.

[22] G. Caprin, *Lagune di Grado*, Trieste 1890 .

[23] *Contese cavalleresche tra i Savorgnani e i Colloredo avvenute negli anni 1565-'66-'68*. Precede un *Compendio delle differenze Savorgnan- Colloredo definite colla pace 29 Agosto 1568* , redatto da Vincenzo Joppi, (seconda metà del XVI secolo) conservato in ASU, fondo Joppi, n.116.

[24] ASU, Fondo Joppi, *Contese cavalleresche tra i Savorgnani e i Colloredo...*, p.260, cit. in F. Bianco, 1511. *La "crudel zobia grassa"*. Gorizia 2010, p. 52.

[25] Rip. In Custoza, *Colloredo*, cit., p. 207. Si noti, a smentita di certe ridicole pretese antistoriche e piene di ignoranza sull'estraneità all'Italia delle regioni nordorientali, come un nobile friulano, ambasciatore imperiale, scrivesse ad un rappresentante della nobiltà friulana a Venezia di *nostra Natione* intendendo ovviamente italiana e di *nostra lingua italiana*.

▲ Ritratto del Kaiser Rodolfo II d'Asburgo (1552-1615), eseguito da Hans Von Aachen. Museum of Vienna.

3 - RODOLFO DI COLLOREDO, UN FELDMARESCIALLO ITALIANO NELLA GUERRA DEI TRENT'ANNI

LA CORTE DI RODOLFO II

1585, alli 2 novembre essendo l'imperador Rodolfo retirato in Brandais per sospetto di peste, lontan due leghe di Pragha con pochissima corte, et essendo con questi pochi il signor Lodouicho camerier di Sua Maestà Cesarea la signora Perla sua moglie fece un figliol Maschio qual fu tenuto a battesimo da sua Maestà et fu chiamato Ridolfo et Mario [1].

Il futuro Feldmaresciallo Rodolfo Mario Eusebio, conte di Colloredo, visconte di Mels, libero barone di Wallsee, signore di Venzone, Sattimberg, Montfort, Dobra, Flojana etc., nato il 2 novembre dell'anno 1585 a Brandeis sull'Elba (odierna Brandys sul Labem [2]) in Boemia, è uno dei nove figli maschi della contessa Paola di Polcenigo e di Ludovico, del ramo d'Asquino della nobile famiglia dei Colloredo.

A Ludovico - insieme ai fratelli Federico[3] e Lelio (1544-1602: Lelio è cavaliere di Malta, presente al grande assedio turco del 1565, e combatte in Ungheria, nelle Fiandre ed è pure presente a Lepanto, uno dei sei Colloredo che prendono parte alla battaglia- tre vi moriranno- nel 1592 è *camerier grandemente amato* dell'arciduca Ernesto d'Austria, come scrive l'inviato veneto in Polonia Piero Duodo da Vienna il 30 maggio [4]) Rodolfo II confermerà nel 1588 i privilegi e i titoli dei signori di Waldsee (Wallsee) [5] conferendogli, inoltre, nel 1591 il baronato ereditario dell'Impero [6] col predicato, appunto, di Waldsee e la connessa arma gentilizia.

Riconoscimenti che sanciscono l'autorevole posizione di Ludovico, il quale, già scudiero del granduca di Toscana Cosimo I, divenne poi ministro imperiale nonché, per tre volte, deputato degli stati provinciali della contea goriziana.

Una posizione, pertanto, che costituisce la miglior premessa per l'affermazione dei figli, tutti avvantaggiati da un'accurata educazione signorile. E tra, questi è il giovane Rodolfo quello che più nettamente si distingue, anche se non sappiamo se sia egli quel *tal Colloredo* che, come scrive Sarpi a Castrino il 25 nov. 1609, l'imperatore invierebbe

...A pigliare il ritratto della terzogenita di Savoia per trattar matrimonio [7]

Certo, comunque, che già in quel torno di tempo la carriera del giovane Colloredo era brillantemente avviata: Rodolfo II, suo padrino di battesimo, l'ha insignito appena neonato d'una ricca commenda, quella di Grostinz, in Slesia, appartenente all'Ordine di Malta, e l'ha voluto ben presto presso di sé quale paggio di cappa, quindi scalco e infine coppiere e Gentiluomo di Camera. Destinato a diventare diplomatico alla corte dell'*imperator pazzo*, Rodolfo impara il francese, lo spagnolo, il latino ed il greco, oltre all'ebraico, e insieme alle due lingue materne, tedesco ed italiano parla anche il ceco e l'ungherese; con lui sono paggi di cappa anche due cugini Colloredo del ramo di Vicardo, Claudio e Girolamo, che incontreranno a corte il fratello maggiore Fabrizio, ambasciatore di Ferdinando de' Medici alla corte di Praga. Rodolfo cresce dunque in un ambiente unico nella storia europea, la corte dell' *Imperatore pazzo*, ed a stretto contatto con lui e con gli artisti, i letterati, gli ermetisti che popolano la corte di Praga, meglio, di quella che diverrà celebre come la *Praga d'Oro* di Rodolfo II.

Pronipote per doppia discendenza da Giovanna la Pazza, Rodolfo II nel 1563, all'età di appena undici anni è inviato a Madrid, dallo zio Filippo II, perché venga educato secondo il modello spagnolo. Suo Maestro di Camera, dunque suo precettore, è, come detto Lodovico di Colloredo. E, dopo sette anni, la sua formazione è oramai completata. Il bigottismo, gli intrighi di corte, le pomposità religiose, i roghi dell'Inquisizione hanno avuto di certo un influsso profondo sulla personalità del giovane principe, accendendo in lui una timidezza morbosa, un'ansia di solitudine e manie di grandezza e persecuzione che poi lo accompagneranno, ingigantendosi, per tutto il corso della sua vita.

Gli studi effettuati e le competenze apprese rivelano la vastità degli interessi dell'imperatore: sa leggere poeti latini, parla diverse lingue, specialmente il tedesco, l'italiano, lo spagnolo e il ceco. Si interessa di alchimia, di scienze, di fisica, di astrologia e di magia. Si circonda di quadri, oggetti preziosi e armi, e invita a corte alchimisti, pittori e indovini. Lui stesso ama dipingere, tessere e fare lavori d'intaglio e di orologeria. Di contro, partecipa malvolentieri alle riunioni del consiglio di corte, trascurando gli affari di stato che affidava spesso agli uomini che gli girano attorno, mentre egli si chiude nell'intimo del castello di Pražský Hrad. Restio a concedere udienze, lascia che ambasciatori stranieri attendano mesi e mesi nelle anticamere, preferendo la compagnia di alchimisti, astrologi e ciarlatani. Tuttavia resta sempre geloso del proprio potere, assai superstizioso, propenso a inventarsi fantasmi persecutori e molto vendicativo nei confronti di chi non gli offra piena fiducia (la notte del 26 settembre 1600 assale col pugnale un ciambellano, che sospetta di infedeltà. Ancora, credendo che si proponga di scalzarlo dal trono, getta in prigione perpetua, senza averne le prove, un altro gran ciambellano). Non si sposerà mai, per titubanza e perché, secondo un oroscopo, un erede legittimo lo avrebbe privato del trono. Ma si consola con una folta schiera di concubine, la preferita delle quali è la figlia dell'antiquario di corte Jacopo Strada, che gli darà anche sei figli, tre maschi e tre femmine. Rodolfo ha a corte pittori e scultori notevolissimi, che gratifica con doni, benefici e favori. L'Arcimboldo, Bartholomaus Spranger, Adriaen de Vries, Pieter Stevens, Hans von Aachen, Daniel Froeschl, e molti altri, in prevalenza tedeschi e dei Paesi Bassi, creano intorno all'imperatore una sorta di scuola, il cui segno comune è il manierismo. Giungono in gruppi, legati da amicizie e parentele, nuovi maestri prendono il posto dei vecchi, al castello è un via vai continuo di miniaturisti, medagliai, lapidari, pittori di paesaggi, di scene sacre e di selvaggina. Il desiderio di ornare la corte di una gran folla di artisti fa riscontro in Rodolfo all'ansia spasmodica di collezionare, di accumulare preziosi e rarità e *naturalia*, carezzare gli oggetti, conservarli gelosamente, goderne come un avaro. Già il nonno Ferdinando I, il padre Massimiliano II e lo zio, l'arciduca

▲ La corte dell'Imperatore Rodolfo II alle cure termali. Tela di Lucas I. van Valckenborch. Museum of Vienna.

del Tirolo, erano fervidi collezionisti ed antiquari, ma in questo Rodolfo non ha pari. Il frutto è una *Kunst- und Wunderkammer* sublime, improntata al meraviglioso, concordando così con il gusto del tempo incline al manierismo. Su mensole e tavoli, dentro armadi e forzieri vengono accumulati, tra gli altri: calchi di lucertole in gesso e di altre bestie in argento, corazze di tartaruga, madreperle, noci di cocco, armi azteche, pupazzetti di cera a colori, figurine di divinità egizie, finissimi specchi di vetro e di acciaio, fossili, occhiali, coralli, scatole con piume, vasi di paglia e legno, pitture giapponesi, noci d'argento battuto e indorato, tavolieri d'ambra, e d'avorio per giocare a dadi, un teschio in ambra gialla, calici d'ambra, paesaggi di diaspro di Boemia, topazi, cristalli, mosaici, un liuto d'argento, corni di rinoceronti, porcellane, drappi, bandiere, museruole, collane, pistole, automi, piume di colibrì.

Il giovane Rodolfo è presente nel 1608 nella schiera di cavalieri parteggianti per l'imperatore contrastato dal fratello Mattia, re d'Ungheria, che vuole esautorare l'imperatore in quanto insano di mente; il Colloredo ha l'onore di reggere lo Stendardo cesareo; in tale veste s'incontra più volte col fratello Cristoforo, portatore, invece, di quello del secondo, ed entrambi concorrono ad appianare, almeno momentaneamente, la tensione tra i due Asburgo.

Comparve egli prima volta sulla scena del mondo nel 1608 nella giovine età di 23 anni non compiuti, e nelle dissensioni che fervevano fra l'Imperatore Rodolfo II e l'Arciduca Mattia suo fratello fu a lui affidato lo stendardo cesareo sotto il quale militava quella schiera di principi e cavalieri di corte che parteggiavano per l'Imperatore, mentre l'Arciduca Mattia aveva affidato il proprio al Conte Cristoforo Colloredo fratello di Rodolfo. I due fratelli Colloredo in amichevoli abboccamenti riuscirono a sopire le insorte controversie fra i due principi.

Rodolfo a questo punto decide, non sappiamo perché, di abbandonare la carriera diplomatica per la quale era stato istruito sin dall'infanzia, e di dedicarsi alla carriera delle armi. Anche il fisico l'aiuta. È alto e robusto- con l'età tenderà ad appesantirsi- con occhi scuri, come castano rossicci sono i capelli portati lunghi, i baffi e il pizzo tipici della moda militare dell'epoca. Il fisico è molto resistente, anche per l'abitudine alla caccia nelle foreste boeme, anche nella neve, in grado di sopportare fatiche e ferite anche gravi- solo nella giornata di Lützen riceverà sette ferite, continuando a combattere finché sviene per l'emorragia alla testa- e in grado di adattarsi con quanto gli capita nel mangiare, fosse anche, come testimoniano i testimoni coevi, carne secca o un po' di grano, formaggio o frutta: cosa assai rara per un nobile secentesco!

Il suo battesimo del fuoco sarà a capo di cinque compagnie d'archibugieri nel ducato di Cleves- Jülich quando è in corso la disputa per la successione. Partecipa alla conquista della fortezza di Cleves, evento che provoca l'ira di Enrico IV di Francia: e solo l'assassinio del sovrano francese ad opera del fanatico cattolico François Ravaillac avvenuta il 14 maggio evita una guerra aperta tra la Francia e l'Impero.

Rodolfo di Colloredo nel 1611 è di nuovo a fianco di Rodolfo il cui trono viene ancor più pericolosamente minacciato dal fratello Mattia. Efficace, in tale occasione, il suo apporto militare: partecipa, alla testa dei suoi archibugieri, alla presa di Budweiss, di Tabor, della stessa Praga.

IL MESTIERE DELLE ARMI: DAI *TERCIOS* ALLA GUERRA DI GRADISCA.

Morto Rodolfo II e subentratogli Mattia sul trono imperiale, il giovane Rodolfo rifiuta l'offerta del grado di colonnello col comando d'un reggimento, e preferisce passare al servizio dell'arciduca Ferdinando, trasferendosi quindi ad Innsbruck per sovrintendervi, per conto di Massimiliano, all'arruolamento di truppe. Qui appare per la prima volta un aspetto fondamentale del carattere del Colloredo: la fedeltà assoluta, intransigente, senza compromessi permeata di devozione al suo Imperatore, senza guardare al proprio tornaconto, sia esso il grado di colonnello offertogli da Mattia d'Asburgo o quello di duca del Friuli che gli offrirà Wallenstein quando vagheggerà lo smembramento dell'impero chiedendo a Rodolfo di unirsi a lui; fedele sempre, *perinde ac cadaver*, per usare il motto gesuita.

Fece poscia (così il Capodagli) *alcune levate in servizio dell'Arciduca Massimiliano d'Inspruck* [sic]*: indi per li moti in Lombardia si condusse in Italia, e questi restando sopiti, passò a Malta, dove prese la croce e l'abito di cavaliere di quella religione, e secondo gli ordini della medesima, fece alcune carovane sopra* *quelle galere, e supplì poi interamente al suo obbligo militando contro i Turchi nelle guerre d'Ungheria. Ritornato in Italia, andò avventuriere a travagliare nello stato di Milano, seco conducendo diversi cavalieri, e fra questi Ferdinando e Lelio* [in realtà Federico] *suoi fratelli, che vi persero la vita.*

Dopo un rapido soggiorno in Lombardia, dove milita sotto il duca di Toledo contro Carlo Emanuele I di Savoia, raggiunge Malta divenendovi cavaliere dell'Ordine, come era probabilmente stabilito dovesse avvenire sin dalla nascita, fermandosi alla Valletta solo i due giorni necessari per l'investitura e per ricevere il mantello da cavaliere, ripartendo per assolvere al faticoso obbligo delle "carovane" sopra le galee e combattendo, poi, contro i Turchi in Ungheria; d'ora in poi si firmerà come *fra' Rodolfo da Coloredo*, in italiano, ed indosserà, come si vede in tutti i suoi ritratti, la croce maltese sull'armatura mantenendosi per sempre fedele al voto di castità se non a quello di povertà. Rodolfo, che era commendatore della *Religione* (così viene chiamato l'Ordine) sin dalla nascita, sarà sempre fiero dell'essere cavaliere, vestendosi di nero, il colore del mantello dell'Ordine, e seguendone rigorosamente la Regola monastico- guerriera. Del resto militare nell'Ordine di Malta era una tradizione di famiglia: un Colloredo, Leandro III, era stato comandante di galea, aveva combattuto a Malta durante il grande assedio turco di Solimano I il Magnifico del 1565 ed era stato nominato Governatore del forte di Sant'Elmo alla Valletta, sei Colloredo, Giorgio, Brunoro, Camillo, Lodovico e Lelio, zio di Rodolfo, hanno combattuto bravamente sulle galee giovannite a Lepanto e ben tre di essi vi sono morti, per citarne solo pochi: la scelta di Rodolfo, se pure non sia stata decisa già al momento della sua nascita, è convinta e irrevocabile. La progressione nell'Ordine di Rodolfo andrà di pari passo con quella militare, e Rodolfo diverrà Gran Priore della Lingua di Boemia ed ambasciatore dell'Ordine di Malta presso Sua Maestà Cesarea Ferdinando III.

Compiuto l'obbligo delle "carovane", Rodolfo rientra in Italia, e si pone nuovamente al servizio del re di Spagna. *Venturiere* nello Stato di Milano sotto le bandiere con la croce di sant'Andrea dei *Tercios* spagnoli contro le milizie sabaude. Nel corso della campagna del 1614 incontra nuovamente il cugino Fabrizio, a capo di un reparto di corazzieri medicei inviati contro Carlo Emanuele I- Fabrizio si guadagnerà in quest'occasione il titolo di marchese di santa Sofia- e vi perde due fratelli, Federico e Ferdinando, pur essi combattenti per la Spagna.

Scoppiata la guerra di Gradisca tra Venezia e l'Arciducato d'Austria, viene incaricato del ruolo di deputato che già era stato del padre Lodovico, e in tal veste perora, per conto degli stati provinciali di Gorizia, alla corte di Graz la necessità d'un'intensificata difesa della disastrata contea; scrive l'udinese Faustino Moisesso nella sua *Historia della ultima guerra nel Friuli* uscita a Venezia nel 1623:

…Si adoperevano con veemenza per l'Archiduca Fra Rodolfo di Colloredo commendatore di Malta, et Hieronimo suo fratello (…) Questi erano nati et nodriti nelli Stati Archiducali et di padre servidore di Casa d'Austria, et si avvisavano di non cadere in fellonia quantunque i bisavoli loro fossero stati vassalli della Repubblica, et senza altri riguardi a questo li invitavano non poco il considerare di essere di stirpe tedesca.

Il capitano Colloredo, preposto ad oltre dieci compagnie "franche" e a 50 archibugieri, quindi corrispondenti ad un grosso reggimento, partecipa quindi, in prima persona, alle operazioni belliche segnalandosi, nel 1617, soprattutto in un fortunato attacco di sorpresa del 12 gennaio a Crauglio che conduce insieme al conte Riccardo di Strassoldo, mettendo in rotta i veneziani, e in un vittorioso scontro, nel corso del quale viene ferito, del 15 marzo presso Gradisca, assediata dai soldati veneti.

Il comandante in capo arciducale, Traumansdorff, seguito dal capitano Colloredo, decide di svolgere personalmente una ricognizione delle opere d'assedio veneziane intorno alla piazza di Gradisca, venendo attaccato dai veneziani. Sarà proprio Colloredo a risolvere la giornata.

La zuffa fu viva e micidiale, e Rodolfo di Colloredo combattendo come un leone vi ricevè una ferita, scrive G.B. di Crollalanza, la prima delle molte della sua carriera, *ma i nemici furono scacciati dalle loro trincee, e i comandanti austriaci si ebbero la gloria di quella giornata.*

Sopravvenuta la pace, il Colloredo è inviato dal plenipotenziario Karl von Harrach a Segna,

…Perché, come confiscati, incamerasse nella regia camera tutti li beni che ritrovasse di ragione dell'uscocco *Ferletich e degli altri suoi compagni.*

Suo compito inoltre è quello di restituire ai veneziani alcune località occupate e ricevere, a sua volta, vari *luochi* istriani quali *Moschenizze e Bersez*.

Non tutto scorre liscio perché, per quanto munito di *"patenti"* che lo qualificano diffusamente

..Libero barone di Valsa, comendador di S. Giovanni, cameriere della... maestà di Boemia et luogotenente collonello,

il provveditore della cavalleria in Istria Alvise Zorzi non ritiene queste implichino

L'auttorità necessaria per renontiar nelle sue mani la piazza di Zimino,

essendo Colloredo un semplice luogotenente colonnello, quale dai documenti Rodolfo risulta esser stato promosso, sia pure appartenente all'alta nobiltà.

Da ciò deriva un'attesa prolungata e colma di tensione tra austriaci e veneti - mentre Rodolfo, a sua volta, rallenta il più possibile, per ritorsione, la partenza degli uscocchi [8]- d'una *scrittura più ampla et authentica*, il che ritarda la consegna sino al 13 aprile del 1618, quando Zorzi deve finalmente piegare il capo ed accettare l'autorità del Colloredo. Quanto alla *nota di 120 uscocchi* cui fu ingiunto d'abbandonare Segna, il Colloredo si mostra accondiscendente: essendo parso *imperfetto* ai commissari veneziani *l'editto formato per il band*o, rivede e allunga la lista sulla base dei loro desideri. In merito, poi, alle *barche da abbrugiarsi*alcune vengono distrutte, altre - *quelle del re* - vendute; *et, circa il capitano di Segna et il stipendio del presidio,* fu promesso dal Colloredo quanto si desiderava da parte veneziana .

Ed è quindi il Colloredo a ricevere dai Veneziani, il 25 luglio, *Bersez e Moschienizze*, e il 28 Antignana. E' la fine di una guerra inutile, il rantolo del leone marciano morente nella sua ultima guerra in terraferma (a parte qualche scaramuccia nella guerra di Mantova, come si vedrà). Sir John Rigby Hale scrive a ragione che

La guerra di Gradisca, ufficialmente non dichiarata, inconcludente, dispendiosa e ricomposta formalmente soltanto un anno dopo la sua conclusione, fu una guerra d'attrito atroce e interminabile, in cui non fu combattuta alcuna battaglia di qualche conto, né fu occupato alcun centro abitato importante.

▲ Soldati imperiali (Guardia di Rodolfo) nella prima parte del XVII secolo. Da incisioni di Henrick Goltzius (1588-1617)

IL COLONNELLO: LA GUERRA DEI TRENT'ANNI.

Divenuto imperatore Ferdinando II d'Asburgo, Rodolfo è tra i più apprezzati colonnelli imperiali; arduo però distinguere, sulla base dei resoconti del tempo che spesso omettono il nome, il suo operato da quello di suo fratello, il colonnello Girolamo (che sarebbe caduto da generale combattendo nel 1638 all'assedio di Saint Omer) - pur esso attivo alto ufficiale dell'Impero. Sugli anni successivi si hanno solo pochi dati, ma che mostrano come la carriera di Colloredo prosegua senza interruzioni.

Dopo la guerra di Gradisca Rodolfo è promosso colonnello comandante un reggimento nella Bassa Austria che combatte in Valtellina, nella guerra tra la Spagna, l'Impero e la lega costituita dai Grigioni, che hanno autorità sull'area, da Venezia, da Carlo Emanuele I di Savoia e dalla Francia, con la scusa del contrasto tra cattolici e protestanti, che culminerà nel *Sacro Macello* del luglio 1620, durante il quale centinaia di riformati vengono sterminati senza pietà dai cattolici capeggiati da Giacomo Robustelli; ma il motivo vero della guerra è che da lì gli Asburgo di Spagna possono inviare in Tirolo uomini e soprattutto oro e argento per finanziare la guerra in Boemia e Germania.

Nel 1625 viene costituito con soldati boemi il reggimento *Graf Rudolf von und zu Colloredo*, o *Alt Colloredo*, "Vecchio Colloredo", per distinguerlo da quello di cavalleria del fratello Girolamo. Rodolfo guiderà il suo reggimento su tutti i fronti della guerra come *Obrist* (*Oberst*) *Inhaber*, colonnello proprietario: nel 1626 viene inviato da Wallenstein con 4200 uomini in Turingia, in rinforzo alla Lega Cattolica impegnata contro i danesi. Qui è agli ordini di Johann Tzerclaes conte di Tilly, e si distingue il 27 agosto alla battaglia di Lutter am Baremberge in cui Tilly, alla testa della Lega Cattolica e degli imperiali sconfigge i protestanti sassoni e danesi del re Cristiano IV di Danimarca, che vi perde seimila morti e duemilacinquecento prigionieri: proprio il reggimento *Colloredo* riesce ad occupare la cresta su cui è schierato Cristiano IV, spezzando lo schieramento luterano in due; l'anno successivo combatte con il duca di Friedland e Tilly in Mecklemburgo e nello Jutland contro i danesi.

Lo stesso anno viene incaricato dell'arruolamento di reparti di cosacchi polacchi nell'esercito imperiale. Nel 1627 lo si incontra in Moravia, agli ordini del Wallenstein, che lo apprezza molto come ufficiale, ed il suo prestigio è formalmente rafforzato dal titolo di *Wohlgeborn* (illustre) conferitogli il 12 maggio 1623, da Ferdinando, cui s'aggiunge, il 10 maggio 1624, quello di conte di Waldsee- elevata a contea- cui si aggiungeranno, dopo la caduta del Wallenstein quello di signore d'Opočno, feudo già appartenente ad Adam Erdman di Trčka, acquistato per 51.456 *Rheinischer Gulden* d'oro, nel cui colossale castello Rodolfo stabilirà la propria dimora.

Da tempo le discordie religiose nell'Europa centrale minacciavano un'esplosione generale. Vi erano stati incidenti gravi, persino piccoli scoppi di guerra aperta, fortunatamente circoscritti, come a Colonia nel 1580 e un'agitazione così diffusa, da giustificare la formazione di una Unione evangelica armata difensiva (1608), cui si oppose immediatamente una Lega cattolica, appoggiata dalla Spagna. Soltanto l'assassinio di Enrico IV di Francia impedì, nel 1610, una guerra generale per la successione ai ducati di Clèves- Jülich, ai cui inizi Colloredo aveva partecipato avendovi il battesimo del fuoco. Ed ecco, proprio nell'anno del centenario, quando più ardeva la battaglia dei libelli contrastanti, nell'atmosfera fatta rovente dalle recriminazioni dei teologi rivali, la notizia che Ferdinando, il persecutore dei protestanti della Stiria, era salito al trono d'Ungheria e di Boemia ed era designato a succedere nell'impero all'anziano cugino Mattia.

I protestanti di Boemia, benché abbastanza numerosi e potenti per ottenere dall'imperatore Rodolfo uno statuto di tolleranza (le *Litterae majestaticae* del luglio 1609), non avendo parte alcuna nel congegno del governo, avevano dovuto vedere l'amato statuto amministrato in senso contrario ai loro interessi dal gruppo di reggenti o ministri reali, incaricati dall'imperatore Mattia del governo del paese. Le *litterae majestaticae*, concedevano ai nobili ed alle città reali della Boemia, della Slesia e della Lusazia, il diritto di costruire templi e di praticare la forma boema del luteranesimo. In due posti soltanto, si diceva, a Braunau e Klostergrab, tale diritto era stato reso vano dall'intolleranza del clero cattolico, appoggiato dall'autorità imperiale. La chiesa protestante di Klostergrab era stata abbattuta; imprigionati, a Braunau, i protestanti che si agitavano contro la persecuzione cattolica. Se tutto ciò avveniva sotto il governo di Mattia, che potevano mai sperare i protestanti da Ferdinando? Già la notizia che il persecutore dei protestanti della Stiria era re e sarebbe presto imperatore, aveva riempito di gioia tutti i gesuiti del paese. Ecco perché, sotto la guida di un nobile calvinista, Enrico

▲ ▲ Soldati imperiali (Guardia di Rodolfo) nella prima parte del XVII secolo. Da incisioni di Henrick Goltzius (1588-1617)

Mattia di Thurn, i protestanti boemi decisero d'insorgere.
A un decreto reale che proibiva ai protestanti di riunirsi in assemblea, i nobili boemi risposero con la famosa «defenestrazione di Praga», prima scintilla della lunga guerra. Il peso dell'odiosa politica reale ricadeva su due ministri cattolici, Martinitz e Slawata, legati in modo particolare all'ultimo impopolare governo. Durante una violenta intervista nel Hradshin, il grande palazzo-fortezza che si erge cupo al disopra della città, questi due uomini e il loro segretario privato, furono gettati da una finestra nel fossato del castello, con atto di collera premeditata, inteso a dimostrare agli interessati che la pazienza dei protestanti boemi, era ormai esaurita ed i calvinisti finalmente decisi a colpire. Una grande opportunità si offriva ora all'elettore luterano di Sassonia e all'Unione Evangelica. Se si fosse ben chiarito, a vantaggio di questo potente gruppo di principi tedeschi, che le *litterae majestaticae* dovevano essere rispettate e si fosse convinto il collegio elettorale a insistere su di esse come condizione indispensabile per l'elezione di Ferdinando a imperatore, forse la Boemia si sarebbe calmata e si sarebbe evitata la guerra. Ma l'Unione Evangelica non era formata da un gruppo di uomini valorosi e intelligenti. Non combatté la ribellione, ma neanche seppe darle attivo aiuto e Ferdinando salì al trono senza incontrare opposizione (1619). Il protestantesimo boemo non era stato mai né forte né unito e, se non trovava alleati, doveva inevitabilmente perire. In oriente sperava nei turchi, nei protestanti ungheresi e nell'incerto appoggio di un misterioso e barbaro principe calvinista della Transilvania, chiamato Bethlen Gabor; a sud nei protestanti dell'Austria; a ovest, poiché la Sassonia era inerte e impotente, nel Palatinato, vigorosa fortezza del calvinismo. Deposto Ferdinando, i boemi offrirono la corona a Federico V, l'elettore Palatino o, come lo si chiamava allora in Inghilterra, il «*Palgravio*».
Era naturale che i puritani inglesi, dominanti ormai a Westminster, considerassero il Conte Palatino come il campione della causa protestante sul continente. Sua madre era figlia di Guglielmo il Silenzioso; sua moglie, l'affascinante Elisabetta, figlia di Giacomo I°, il re inglese allora regnante. Ogni protestante inglese non privo di coraggio era disposto a impugnare la spada per la principessa inglese, il cui giovane marito tedesco pareva destinato a guidare la rivolta contro l'Austria e la Spagna. A Londra era assai popolare l'idea che si dovessero mandare truppe inglesi a difendere il Palatinato, mentre il Conte Palatino muoveva alla riscossa della Boemia.
Il Conte Palatino, che non era affatto un campione, ma un giovane inesperto e piuttosto timido, cedette alla pressione degli scalmanati calvinisti e, senza pensare al seguito, si lasciò incoronare re di Boemia. Un'aspra battaglia sulla Montagna Bianca, a poche miglia fuori di Praga (novembre 1620), bastò per decidere il suo fato. E fu proprio il colonnello Rodolfo di Colloredo a risolvere la giornata, assaltando il Palazzo della Stella. Cristiano di Anhalt, al comando di circa 21.000 uomini (tra i quali 10.000 ungheresi inviati da Bethlen Gabor e 8.000 portati dallo stesso principe d'Anhalt), si è attestato su una solida posizione difensiva sulle pendici di una collina (la cosiddetta Montagna Bianca, Bílá Hora in ceco, Weißer Berg in tedesco) che blocca la strada per Praga. Le sue forze sono protette sul fianco destro da una dimora di caccia detto, per la sua forma, Palazzo della Stella Le truppe cattoliche, formate dal congiungimento delle truppe imperiali del conte di Buquoy

e dell'esercito della lega (composto prevalentemente da forze mercenarie) comandato dal nobile vallone Tilly, sono tuttavia numericamente superiori (circa 29.000 uomini), oltre che meglio armate e addestrate. Un ulteriore colpo alle forze boeme viene dal tradimento di Mansfeld, che corrotto dagli Asburgo si rifiuta di assumere il comando.

Mentre i boemi cominciano a trincerarsi sull'altura, l'esercito cattolico si spinge in avanti ad assalire le formazioni protestanti. All'inizio la cavalleria del principe Cristiano di Anhalt riesce a contrastare la prima offensiva nemica. Il temporaneo equilibrio tra i due eserciti viene sconvolto dal nuovo attacco dei cattolici, tra i quali italiani, bavaresi e valloni, che riescono a mettere in fuga gli ungheresi. Lo scontro si risolve definitivamente a favore delle forze cattoliche quando anche la fanteria boema cede travolto dall'avanzata dell'esercito nemico, consentendo l'ingaggio anche dei reparti imperiali. L'intera artiglieria dell'esercito di Federico V, consistente in 10 cannoni, cade nelle mani del nemico.

L'esercito di Tilly si avventa sui protestanti al grido di *Santa Maria!*. Con le forze protestanti che vanno costantemente diminuendo, a causa della ritirata dei reparti e delle perdite, Tilly e i suoi uomini, alla cui testa è il colonnello Rodolfo di Colloredo con il suo *tercio* formato di fiorentini e napoletani, spingono le forze ribelli indietro verso il Palazzo della Stella, dove i boemi cercano di stabilire una difesa finale, ma senza riuscirci, travolti dagli uomini di Colloredo. La battaglia, che nella sostanza degli scontri uomo contro uomo è durata solo un'ora, lascia l'esercito boemo devastato. L'esercito protestante entro la fine della battaglia si dissolve e circa 4.000 dei suoi uomini cadono nel corso della fuga o del combattimento. Le perdite cattoliche ammontano a qualche centinaio di uomini.

Un valoroso avrebbe forse tentato di radunare intorno a sé i fuggitivi. Il conte Palatino invece si limita a fuggire con la sua graziosa moglie, abbandonando i protestanti di Boemia alla mercé di Ferdinando; il quale, appoggiato ora non soltanto dai cattolici della Lega, ma anche dai luterani di Sassonia, non ha ragione alcuna di esser mite verso i ribelli che avevano congiurato coi turchi, minacciato Vienna, e posto sul suo trono un eretico, chiamato dall'altra estremità della Germania. Decide perciò di estirpare dalla Boemia la religione protestante e in questa sua risoluzione, ha un successo raramente uguagliato nella storia della persecuzione. Un sistema di conquista diffusa e spietata repressione, mette il paese sotto il giogo austriaco. S'impone ai céchi una classe dirigente intollerante quanto quella dei colonizzatori inglesi in Irlanda e che non doveva essere seriamente minacciata fino al diciannovesimo secolo. Funzionari tedeschi governarono nello Hradshin, preti gesuiti furono messi a dirigere l'educazione nel *Clementinum*.

Italiani come Gallasso (Gallas), Collalto, Colloredo, Piccolomini si impadroniscono dei beni dei nobili protestanti.

Al seguito dei nobili, degli avventurieri e dei funzionari tedeschi e italiani, dei preti gesuiti e dei monaci cappuccini, giunsero anche i legulei tedeschi a bandire i principi autocratici della legge romana. Sotto la loro rigida dottrina, i contadini boemi furono calpestati e ridotti in schiavitù. Prima conseguenza dell'impresa del Conte Palatino, fu perciò la creazione di uno stato servile in Europa.

Trovare alleati era ora più che mai necessario ai calvinisti, se volevano riconquistare questi territori d'importanza vitale; poiché, tra le altre conseguenze, l'avventura del Conte Palatino aveva spinto la Sassonia e i luterani dalla parte dell'imperatore, provocando così lo scioglimento dell'Unione Evangelica. Il fatto che la Sassonia luterana si fosse unita alla Boemia cattolica in difesa del cattolicesimo e per Ferdinando di Boemia, rivelava chiaramente il profondo antagonismo tra la fede luterana e calvinista che, prevalente sia dall'inizio, era stato più d'una volta fatale all'azione efficace dei protestanti. Ma rivelava anche un altro importante elemento politico: il forte conservatorismo dell'elettore sassone, la sua ripugnanza ad appoggiare le innovazioni violente e il suo desiderio di collaborare con l'imperatore finché gli fosse possibile.

Nel momento più critico, i protestanti combattenti della Germania chiesero e ottennero l'aiuto di Cristiano IV di Danimarca. Non certo ansia e sollecitudine per la religione protestante spinsero questo monarca luterano a intervenire nella contesa germanica, ma piuttosto l'avidità suscitata in lui dal possibile bottino cattolico. Aspirando tra l'altro ad acquistare una bella posizione per i suoi figli, sperava di ottenerla con le rendite di certi vescovati della Germania settentrionale; e, poiché l'avidità per le proprietà ecclesiastiche non era affatto particolare ai danesi, ma ampiamente condivisa dai principi protestanti della Sassonia inferiore, non fu difficile, con qualche incoraggiamento da parte della corte d'Inghilterra, combinare un'alleanza, mettere insieme un esercito e decidere una campagna.

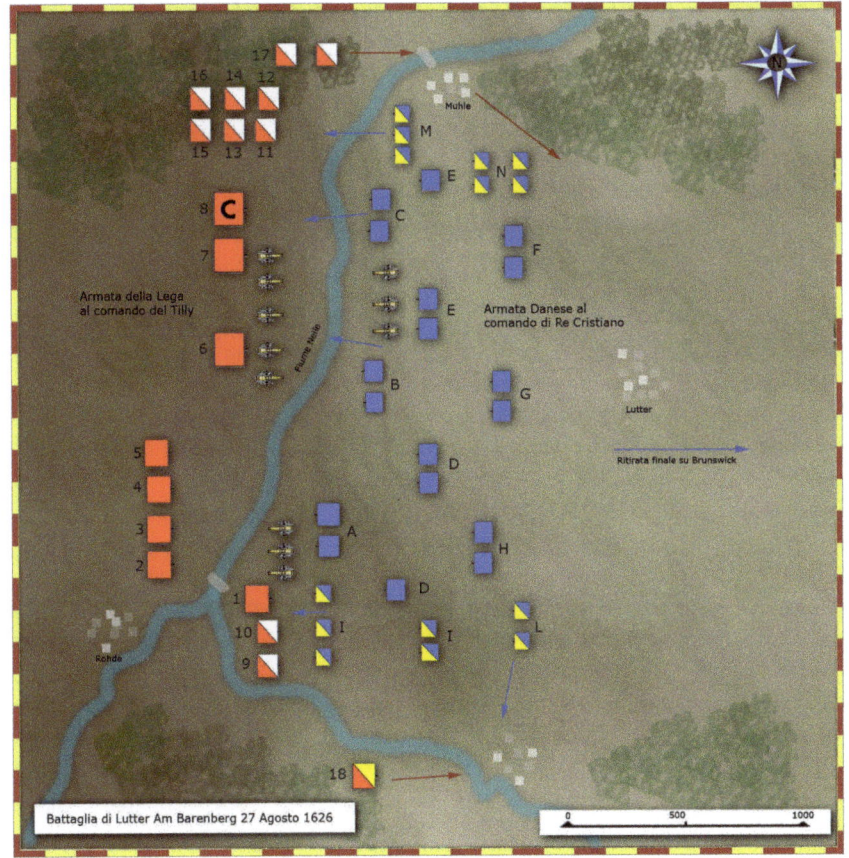

▲ Mappa della battaglia di Lutter am Barenberg del 27 agosto 1626, una delle prime alle quali Colloredo parecipò col suo reggimento (il numero 8 rosso nella mappa)

Mentre tutto questo si veniva preparando nel nord, un importante mutamento si verificava nella direzione militare delle forze cattoliche. I primi trionfi della Controriforma nella Boemia e nel Palatinato non furono ottenuti dall'esercito imperiale di Ferdinando, ma dai contingenti tedeschi di Massimiliano di Baviera. Che la protezione dell'imperatore dipendesse così da un vicino che poteva anche trasformarsi in rivale, era una situazione che Vienna considerava ormai intollerabile.

Una politica imperiale esigeva un esercito imperiale e un comandante imperiale. Ed ecco, a soddisfare questa esigenza, l'enigmatica e potente figura di Albert Wenceslaw von Waldstein, principe di Friedland, noto comunemente sotto il nome di Wallenstein.

Questo principe era un nobile boemo, "utraquista" per nascita ed educazione [con questo nome erano indicati gli hussisti della Boemia, a cui era stato concesso l'uso del calice nel sacramento dell'Eucaristia], che già aveva dimostrato le proprie qualità nella guerra contro i turchi.

Poco o nulla si curava di religione, quando non si voglia definir tale l'astrologia; ma nutriva in compenso desideri e ambizioni sufficienti a creare o rovinare un impero. La sua ricchezza era enorme, poiché egli ricavava denaro dalla guerra, dalle speculazioni terriere, da tutto ciò che toccava; e la sua ambizione non era inferiore al suo destino. Il grande palazzo di Praga, con le sue statue e il suo portico italiano, le lunghe sale ornate da pomposi candelabri, le tappezzerie, i quadri e le curiosità, sopravvive come ricordo del buon gusto, dello splendore e della fortuna di Wallenstein. Ecco l'uomo che si offriva ora, di radunare a proprie spese un esercito per Ferdinando, con l'unica condizione che, mentre l'artiglieria e le munizioni catturate in guerra sarebbero consegnate all'imperatore, il bottino fosse invece riservato alle truppe.

Nella campagna protestante del 1626 si possono distinguere due imprese diverse, terminate entrambe con un disastro: un attacco, in collaborazione col principe di Transilvania, contro gl'imperiali a est, e un'avanzata verso sud, dalla Danimarca, contro l'esercito della Lega cattolica. Il progetto orientale non ebbe altra conseguenza che la morte, in un lontano villaggio bosniaco, di Mansfeld, il miglior condottiero dei protestanti. Quanto ai danesi, un colpo schiacciante vibrato loro a Lutter, nella Turingia (27 agosto), in cui fu determinante l'azione di Rodolfo di Colloredo che spezzò la linea di battaglia luterana, fu sufficiente ad affermare la superiorità di Tilly e Wallenstein, ad aprire lo Schleswig-Holstein all'avanzata dei cattolici, e a togliere ai danesi ogni efficacia nella contesa.

LA CALATA DEI *LANZICHENECCHI*: LA GUERRA DI MANTOVA.

Wenn die Landsknecht streiten,
Gibt es blut'ge Schwären.
In dem Feld dem Weiten,
Wüten sie wie Bären
Hält keine Mauer, kein Panzer, kein Haus,
Wir holen den letzten Groschen heraus.
Komme was soll, leer oder voll,
Alles auf Kaiser Ferdinands Wohl[1].

Il fatto che Wallenstein includa Rodolfo di Colloredo, nel vagheggiare una personale spedizione orientale, tra gli otto *cavalieri di commando* che gli devono essere "*compagni*", significa che il Colloredo, se non altro sotto il profilo professionale, ne godeva la stima. Ma la realtà scompagina i fantasiosi disegni del grande condottiero e immette il Colloredo nel pieno dell'assedio di Mantova. È il conflitto che fa da sfondo alle vicende del più celebre romanzo italiano, *I Promessi Sposi* (1628-1631), causa non secondaria della terribile carestia che affligge il Milanese e della calata dei lanzichenecchi che porteranno il contagio della peste: storicamente la guerra iniziò con la morte senza eredi diretti di Vincenzo II Gonzaga, duca di Mantova e del Monferrato, i cui possessi vennero contesi tra Carlo Gonzaga di Nevers, sostenuto dalla Francia di Richelieu, e Ferrante Gonzaga duca di Guastalla, sostenuto dalla Spagna. In seguito entrarono nel conflitto anche Carlo Emanuele I di Savoia e l'imperatore Ferdinando II d'Asburgo al fianco della Spagna, mentre Venezia e il papa Urbano VIII sostenevano la Francia. Le truppe spagnole cinsero d'assedio la fortezza di Casale e il successivo diretto intervento della Francia causò la discesa in Lombardia delle truppe già al comando del generale boemo Albrecht von Wallenstein, che si abbandonarono a saccheggi e portarono nel Milanese la peste. La guerra si concluse con un trattato di pace che riconobbe legittimo successore al ducato Carlo di Nevers, il quale si insediò formalmente nel 1631 pur essendo costretto a fare diverse concessioni territoriali ai Savoia e ai Gonzaga di Guastalla, nonché a ricorrere all'aiuto economico di Venezia dato lo stato di estrema povertà in cui versava la città di Mantova a causa della guerra.

Il 2 maggio 1628 il commissario imperiale Giovanni di Nassau intimò la consegna dei due ducati; il Nevers oppose un rifiuto e si appellò all'imperatore. Nel contempo invocò dal Richelieu immediati aiuti e sollecitò i parenti e gli amici di Francia ad assoldare a sue spese un esercito. All'uopo poneva a loro disposizione i suoi ricchi beni. Il Richelieu, che si trovava all'assedio della Rochelle, diede il suo consenso per la formazione della spedizione di soccorso, ma dichiarò all'inviato gonzaghesco Rodolfo Ippoliti di Gazoldo che il governo francese intendeva intervenire apertamente nel conflitto solo quando la rocca ugonotta fosse caduta. Era dunque necessario che Casale resistesse fino al momento in cui il re avrebbe avuto libertà d'azione. Gli amici del Nevers, radunati diecimila uomini, li inviarono, sotto la guida del marchese d'Uxelles, alla volta d'Italia. Ma la spedizione, ostacolata dal maresciallo Créqui, governatore del Delfinato e amico del duca di Savoia, fallì miseramente. A Sampeyre il 6 agosto i Francesi furono sconfitti da Carlo Emanuele. Di fronte al pericolo, sempre più manifesto, di una conflagrazione generale, la diplomazia pontificia raddoppiò i suoi sforzi per ottenere un accomodamento, ma tutto fu vano. Caduta La Rochelle (ottobre 1628) l'intervento francese si preannunziò più fattivo. La repubblica veneta si fece più larga in soccorsi pecuniarî e permise prelevare soldati dal suo esercito; il Nevers, rincuorato, moltiplicò le misure militari. Luigi XIII e il Richelieu,

---

1   *Quando i Lanzichenecchi attaccano,*
Infliggono ferrite sanguinose.
Sul desolato campo di battaglia
Sono rabbiosi come orsi.
Nessuna muraglia, nessuna corazza, nessuna casa ci ferma,
Portiamo via fino all'ultimo soldo.
Sia quel che sia, pieni o vuoti,
tutto per il bene dell'Imperatore Ferdinando!

▲ Castello Colloredo ad Opocno, residenza di Rodolfo di Colloredo in Boemia

raccolto un poderoso esercito, il primo giorno di marzo del 1629 valicarono il Monginevro e sconfissero poco dopo le milizie sabaude e spagnole. Carlo Emanuele concluse tosto il giorno 11 l'accordo di Susa, per lui assai vantaggioso. I patti si risolvevano in un danno gravissimo per il Nevers. Infatti, se la convenzione stabiliva l'allontanamento delle truppe savoiarde da Nizza e da Ponzone, la liberazione e il vettovagliamento di Casale, d'altra parte assegnava al duca di Savoia la ricca Trino con tante altre terre monferrine fino ad assicurare una rendita annua di 15.000 scudi e deliberava il deposito di Alba e di Moncalvo nelle mani di Carlo Emanuele come pegno della restituzione di Susa, che rimaneva alla Francia. Conosciuti i termini dell'accordo di Susa, Venezia ritirò gli ordini già dati per l'avanzata del suo esercito: crollavano così tutti i piani, sui quali il governo mantovano aveva fondato le sue speranze.

L'intervento diretto dei Francesi provocò l'intervento dell'impero, che si affrettò a fare pace con la Danimarca. La notizia commosse principi e popolo. Urbano VIII intensificò gli armamenti, Luigi XIII fissò con lettera del 9 luglio al Nevers il suo piano d'azione: al Monferrato avrebbero pensato i Francesi; il duca e i Veneziani provvedessero al Mantovano.

I primi di settembre, 30.000 fanti alemanni e 6000 cavalli, con a capo il conte Rambaldo di Collalto, scesero nella pianura lombarda. A Como si abboccarono il generale tedesco e Ambrogio Spinola, nuovo governatore di Milano. I due capi si ripartirono il compito: la Spagna avrebbe rivolto i suoi sforzi contro Casale, gl'imperiali contro Mantova. Il 17 ottobre 1629 l'Aldringen, uno dei sergenti maggiori dell'esercito alemanno, passò l'Oglio a Ostiano, mentre il Galasso, altro sergente maggiore, prendeva due giorni dopo Viadana. Caduta poi anche Gazzuolo, il Nevers abbandonò la linea del Serraglio e si ridusse la notte del 27 ottobre entro la città. Come prova del suo desiderio di conciliazione consegnò (3 novembre) agl'imperiali il borgo di S. Giorgio. Pochi giorni dopo, il castello di Goito per viltà del comandante cadeva nelle mani del nemico, mentre i generali veneti Erizzo e Sagredo rimanevano immobili a Valeggio. Così il cerchio dell'assedio di Mantova si fece più stretto. Ma la tenace difesa del Nevers sconvolse i piani del nemico, che aveva sperato in un rapido trionfo. Intanto la diplomazia pontificia, specialmente per mezzo del Mazzarino, moltiplicava le

▲ Mantova, porta del Volto Oscuro, da cui i fanti di Colloredo occuparono la città dopo aver passato a fil di spada la guarnigione

proposte di pace e la Francia preparava una nuova spedizione in Piemonte. Gl'imperiali, bersagliati dai disagi e dalla peste, tentato invano un assalto, dal 22 al 24 dicembre 1629 abbandonarono l'assedio di Mantova e si ritirarono verso Borgoforte, Canneto e Gazzuolo. Ma se la città venne sollevata, la campagna fu sottoposta a una sistematica distruzione insieme con gli abitanti.

La discesa in Italia del Richelieu con un vigoroso esercito ravvivò le speranze di rivincita. La politica francese spiegava in tutti campi un'opera, ancora coperta, ma attivissima, contro la casa d'Asburgo. Dagli aiuti ai Paesi Bassi al lavorio di resistenza contro la penetrazione spagnola in Svizzera le rivali si trovarono di fronte. L'occupazione di Pinerolo, compiuta dal Richelieu il 21 marzo 1630, offrì la più evidente prova delle intenzioni francesi e determinò lo Spinola a uno sforzo supremo contro Casale. Mentre la città monferrina subiva i colpi spagnoli, l'esercito imperiale muoveva per la seconda volta contro Mantova. Da Goito, da Gazzuolo, da Redondesco, da Marcaria, gli imperiali si spinsero innanzi predando e saccheggiando. Li guidavano i duchi di Sassonia, di Anhalt, di Lussemburgo, il conte Giovanni di Merode, il Montecuccoli, i colonnelli Isolano e Ferrari, l'Aldringen, Torquato Conti, Rodolfo di Colloredo, suo fratello Girolamo, il marchese di Brandeburgo, il colonnello Dietrichstein, il Galasso. In città, intanto, le compagnie erano ridotte a pochi uomini, l'alimentazione era cattiva, le paghe irregolari, la mortalità altissima.

Scrive il 24 settembre 1629 il gentiluomo milanese Guido Antonio Arcimboldi al suo *Padrone Colendissimo* marchese Fabrizio di Colloredo, Governatore di Siena e Maestro di Camera del Granduca di Toscana, di cui l'Arcimboldi è informatore:

Del resto cala tanti Tedeschi, che è un fracasso, sì di cavaglieria, come d'infanteria, et io n'ho visto nel monte di Brianza a marciare gran parte, e tutta bella gente, et in ordine, et ben a cavallo, con tutte le sue

arme, et benissimo disciplinati fra gli altri, v'è un d'infanteria del sig.r Conte Montecucoli se bene lui non v'è, di cavaleria, un regimento d'infanteria del colonello Serboni, et un altro, del fratello de il Sig.r Girolamo Coloredo [ossia Rodolfo, ndA] *et molti altriche non so il nome, che credo, fra tutti passeranno 30m homini, se bene si dice molto più, vi sarà puoi, vicino a quattromilla fra donne et ragazi.*
(cit. in Custoza, *Colloredo*, pagina 209).

Il passaggio dei lanzichenecchi si lascia dietro una scia sinistra di morte e desolazione, oltre al terribile contagio della peste: ancora l'Arcimboldi scrive al *colendissimo* marchese Colloredo:

… Tutta bella gente, et bene esperta, et buon cavalli, ma però tutti strachi per il gran viaggio, e son venuti dalla valtellina [sic] *alla volta di Lecho, et puoi nel monte di bianza* [sic] *dove ho i miei lochi, et poi alla volta di Lodi, et Cremonese, et di quivi nel Mantovano, et anchora ogni giorno, ne passa in quantità, ma ne resta per le strade morti, di stento, di molti; qua in questo nostro stato, si fa conto, che questo anno, ne sij morto più di un terzo della gente, et il restante quasi tutti amalati.*

Celebre è il passo dei *Promessi Sposi* nel quale vengono citati i nomi di alcuni condottieri imperiali, fra cui spiccano il Wallenstein, Jean de Merode, Ernesto Montecuccoli, Johann von Aldringer, Torquanto Conti, e, appunto, Rodolfo di Colloredo.

Passano i cavalli di Wallenstein, passano i fanti di Merode, passano i cavalli di Anhalt, passano i fanti di Brandeburgo, e poi i cavalli di Montecuccoli, e poi quelli di Ferrari; passa Altringer, passa Furstenberg, passa Colloredo; passano i Croati, passa Torquato Conti, passano altri e altri; quando piacque al cielo, passò anche Galasso, che fu l'ultimo. Lo squadron volante de'veneziani finì d'allontanarsi anche lui; e tutto il paese, a destra e a sinistra, si trovò libero.

   (A. Manzoni, *I Promessi Sposi*, cap. XXX).

Rodolfo è a capo d'un formidabile reggimento di 4.200 fanti e di 400 cavalieri scelti, comandati dal fratello Girolamo, che scende, rovinoso al pari delle altre *male bande di uomini micidiali*, quelli che Manzoni chiamerà erroneamente e anacronisticamente *lanzichenecchi*, in Lombardia nel settembre del 1629; il 24 è a Bellano, ove concede all'atterrito letterato Sigismondo Boldoni *una guardia tedesca* per evitare il saccheggio alla sua casa.

Dapprima io aveva in casa una scolta d'Italiani: ora Colloredo e il luogotenente Waldstein mi diedero una guardia tedesca. Possano far altrettanto anche i seguenti! Quasi tutte le donne corsero in casa mia, che ci pare il serraglio.

Colloredo è l'unico *lanzichenecco* (per usare ancora il termine manzoniano) di cui Boldoni parli in termini positivi; ed evidentemente in vena di distrazioni erudite, dopotutto Colloredo, a differenza di molti suoi colleghi e nemici è un uomo colto, formatosi alla corte imperiale per diventare diplomatico, e parla sei lingue, oltre a latino, ebraico e greco- Rodolfo si reca, il 26, a trovarlo:

Poscia venuto qui Colloredo, generale d'un altro reggimento, e postomi a discorrere con lui di storia, degli antichi costumi e confini de' Germani, di repente svenni, e per mezz'ora perdetti i sensi, con gran dolore di quello.

L'8 aprile è giunto a Mantova il maresciallo d'Estrées, inviato dal governo francese per la difesa della città, ma alla prova si mostra inferiore all'arduo compito.

Decisa, a Lodi, il 15 ottobre, in una riunione presieduta dal Collalto alla quale il colonnello Colloredo partecipa, l'avanzata nel ducato, il Colloredo sarà tra i principali protagonisti dei successivi avvenimenti ; alla fine del 1629 Rodolfo rimane leggermente ferito in una scaramuccia con i mantovani guidati dal conte d'Arco.

L'esercito asburgico conquista Goito e cinge d'assedio Mantova, che resiste all'attacco e costringe anzi nel marzo 1630 gli imperiali alla ritirata. La repubblica di Venezia raduna un esercito sul Mincio per portare viveri a Mantova ma subisce un duro rovescio a Valeggio sul Mincio il 25 maggio e le truppe venete si danno alla fuga. Non basta: Il generale veneto Sagredo, che presidia Marmirolo e Castiglione, avuta notizia dell'avanzata degli imperiali, ordina ai suoi di abbandonare quelle posizioni e di ripiegare su Marengo e

▲ 1 portastendardo del reggimento di fanteria Colloredo e sergente (2) dello stesso reggimento.

Villabuona. Raggiunto qui il 29 maggio dal Colloredo, Sagredo è vinto e costretto a fuggire entro Peschiera. E' uno degli ultimi, ingloriosi, episodi d'arme delle *invincibili armate venete* sul suolo italiano. Se nel Rinascimento si diceva che *Quando el Leon alsa la coa, tote le bestie sbasa la soa,* ora il Leone ha dovuto *sbasà la coa* davanti all'Aquila asburgica.

Dopo la battaglia di Villabuona, le condizioni di Mantova si fanno gravissime. Gli animi sono esacerbati, la fiducia nei capi e negli aiuti esterni è venuta meno, l'armonia tra il Nevers e il residente veneto Busenello del tutto infranta. A tutto ciò si aggiungono la carestia, la denutrizione, la pessima conservazione dei cibi, i miasmi delle paludi e degli stagni, entro o presso la città, che favoriscono la propagazione della peste.

La seconda fase operativa contro Mantova inizia nel giugno 1630 con l'assedio delle truppe al comando di Johann von Aldringen e di Matthias Gallas. durante l' assedio della città, la condizione degli Imperiali è molto precaria tanto che devono rischiare di assediare la città dal borgo di San Giorgio, dove si è già diffusa la peste, che miete vittime tra gli assedianti, insieme alla malaria; durante l' assedio Mantova riesce a respingere vari assalti dell' esercito imperiale, diretti contro i punti più forti del sistema difensivo della città: Porta Pradella e Porta Cerese.

Il 18 luglio 1631, un'ora prima dell'alba, gli imperiali attaccano la città simultaneamente in varî punti, Rodolfo di Colloredo alla testa del suo reggimento s'impadronisce di sorpresa del ponte S. Giorgio e abbattuta la porta del palazzo ducale detta "del Volto Oscuro" massacrandone il corpo di guardia sino all'ultimo uomo, occupa in breve piazza S. Pietro. Il duca, dopo inutili tentativi di resistenza, seguito dal figlio, dal d'Estrées, dal marchese di Pomaro e altri, si ritira nella Cittàdella di Porto e poco dopo tratta la resa. I capitoli concertati sono dodici: viene stabilita l'immediata consegna di Porto; viene concesso al Nevers e al suo seguito di uscire dalla piazza; la principessa Maria è lasciata libera di restare o di andarsene con i figli e con alcune dame, ecc. La mattina del 19 luglio il duca, suo figlio Carlo, il d'Estrées, con pochi compagni, partono scortati da ufficiali cesarei fino ai confini dello Stato della Chiesa.

Scrive di Crollalanza,

Gli scrittori attribuiscono a lui la presa di Mantova avvenuta nel 1629 pei prodigi di valore da lui operati in quell'assedio, e per essere stato il primo a penetrarvi col suo reggimento.

Inizia per Mantova il periodo più cupo della sua storia. Il duca di Mantova e la famiglia sono costretti ad abbandonare la città mentre la reggia dei Gonzaga, Palazzo Ducale, ambita preda dei comandanti, viene circondato e spogliato di tutti i tesori artistici che la dinastia aveva accumulato nel tempo. La soldatesca, presa da spirito di distruzione e di rapina, strappa dalla cornici le bellissime tele, opere di artisti famosi e poi le getta via. Tristemente famoso è rimasto lo spoglio della biblioteca, che era considerata una delle più ricche d'Italia. La maggior parte dei cittadini vengono torturati e uccisi e dappertutto viene appiccato il fuoco. Agli ebrei vengono saccheggiati i banchi di pegni e si diffonde il più temuto effetto collaterale delle guerre dell'epoca, la peste, che già aveva devastato i territori di Milano, Como, Lodi e Cremona.

A Mantova Colloredo si insedia come comandante le truppe d'occupazione anche dopo la "partita" di Aldringen.

Intanto, Rodolfo di Colloredo *è ristato*, in ottemperanza a quanto disposto dal commissario generale e pienipotenziario imperiale Galasso il quale, ancora il 31 maggio, gli aveva scritto da Cherasco che, in esecuzione del *concertato... in Cherasco in conseguenza del capitolato di Ratisbona*, spetta a lui provvedere:

...Sia... consignato al... Gonzaga... il possesso di tutte le terre luoghi del Mantovano, eccetto che di Mantova Porto e Canetto, affine che restino a libera dispositione del medesimo duca.

In merito *alle fortificazioni fatte da noi* - aveva aggiunto Galasso - *farà Vostra Signoria... demolire tutta quella parte che potrà*, a partire dalla data della "ricevuta" dell'ordine sino a quella della *remissione del possesso.*

E il Colloredo, il 9 giugno, concorda, in un incontro col marchese di Pomaro Annibale Gonzaga, le modalità dello sgombero e del reintegro. Operazioni comunque che si prolungano sino al 4 settembre, quando

...Cominciarono... a marciare fuori di Porta Pradella andando sul Cremonese li reggimenti Colloredo Kinik Sassonia e Piccolomini, li quali erano diminuiti cotanto che in tutto non ascendevano a 2.000 soldati. In

mezzo ad essi andavano moltissimi carriaggi pieni di ricco bottino.

Almeno 50 grossi carri colmi del frutto delle ultime razzie, la cui responsabilità grava in parte anche sul Colloredo. È certo, infatti, che su questo piano s'era ben distinto addirittura esagerando rispetto agli altri se lo scomparso Collalto, in una lettera, non datata ma comunque anteriore all'ottobre del 1630, a Aldringen, oltre a minacciare castighi per quanti avevano svaligiato il Monte di pietà, aveva ordinato d'indagare se il Colloredo ne aveva avuto un particolare tornaconto. Evidentemente Colloredo esce però pulito dalle indagini e delle accuse non si parlerà più.

Certo altresì che, lasciando Mantova, Rodolfo- che, nel frattempo, ha pure cercato d'estorcere al duca di Modena, pur esentato dallo imperatore, un contributo di 36 mila talleri, accompagnando (così il duca per bocca di Testi)

...Questa sua richiesta con termini che haverebbe forse vinta la pazienza d'ogni altro fuorché la nostra.

Ad ogni modo, quando, il 12 ottobre, transita per Coira, il suo bagaglio è cospicuo, ed egli è, per di più, forte della promozione a Sergente Generale di battaglia. E fino agli inizi del XX secolo i *Trionfi* attribuiti al Mantegna testimonieranno nel castello di famiglia in Friuli il ruolo svolto dal Colloredo nel sacco.

Conflitto secondario nel quadro della guerra trentennale, oggi dimenticato, eppure dagli esiti drammatici per il Nord Italia.

▲ Corazziere imperiale al servizio di Wallenstein.

La conclusione del conflitto viene ricordata incidentalmente da Manzoni nel cap. XXXII dei *Promessi Sposi*, col dire che la guerra ha causato circa un milione di vittime (specie per l'epidemia di peste di cui essa è stata causa non trascurabile) e alla fine, nonostante il "sacco atroce" di Mantova ad opera dei soldati tedeschi e l'occupazione della città durata oltre un anno, il trattato di pace ha riconosciuto come duca legittimo quello stesso Carlo di Nevers che si voleva escludere, quindi la guerra ha provocato tanti disastri per lasciare le cose sostanzialmente inalterate. Manzoni aggiunge altre osservazioni amaramente ironiche circa i maneggi politici e i trattati segreti che hanno fatto seguito alla pace, incluso l'accordo in base al quale il duca di Savoia cedette Pinerolo alla Francia. Meno ironiche sono le nude cifre. Pare che al rientro del duca Carlo I Gonzaga in città gli abitanti siano seimila- erano quarantamila prima del 1630- e nel territorio quarantatremila rispetto ai centosettantamila di prima della guerra.

▲ 1 e 2: Moschettieri del Reggimento Colloredo.

▲ Ritratto del re di Svezia Gustavo Adolfo, grande protagonista della guerra dei 30 anni. Livrustkammaren museum Stoccolma.

GENERALWACHTMEISTER: LA BATTAGLIA DI LÜTZEN.

Trum, trum, terum tum tum,
und wieder geht die Trommel um,
trum, trum, terum tum tum,
sie wird nicht müde und nicht stumm.
Sie dreuet dem Schweden im blutigen Krieg,
wir hör'n sie beim Sterben,
wir hör'n sie beim Sieg.
Hei, hei, heißa juchei,
die Wallensteiner zieh'n vorbei.
Hei, hei, heißa juchei,
mit Spiel und Feldgeschrei.
Trum, trum, terum tum tum[1].

Walter Gättke, 1919

Nel frattempo, in Germania, di nuovo la causa protestante era caduta nell'abisso più profondo, e di nuovo la stessa completezza del trionfo imperiale creò forze di reazione destinate a limitarlo e frenarlo. Nell'esaltazione prodotta dalla vittoria, gli elettori cattolici concepirono un'idea abbastanza naturale ma poco saggia, perseguita con conseguenze perniciose agli interessi dell'imperatore. Una massa considerevole di ricchezza ecclesiastica, che comprendeva nella Germania settentrionale due arcivescovati e dodici vescovati, era, sin dal 1552, passata dai cattolici ai protestanti. Parte di questa imponente proprietà era stata spesa degnamente a sostenere la chiesa luterana; il resto, assai meno degnamente, a soddisfare le esigenze e il lusso dei principi secolari. Tutto questo bottino doveva ora, in virtù di un editto del 6 marzo 1629, ritornare ai suoi proprietari cattolici. È facile immaginare come simile sconvolgimento turbasse gli amministratori protestanti, costretti, sotto la tirannica pressione delle truppe di Wallenstein, a cedere una proprietà che da molti anni ormai consideravano propria. Gli stessi cattolici incominciarono a mormorare quando seppero che i padri gesuiti si venivano insinuando anche nelle abbazie dove non erano stati mai prima d'allora e che, dietro consiglio di Wallenstein, si divisava di creare, con quattro ricche sedi della Germania settentrionale, un principato per un principe ereditario. A quale scopo, si chiedevano i tedeschi sia cattolici che protestanti, tendevano la posizione e gli atteggiamenti di Wallenstein? Era ammiraglio del Baltico e duca del Meclemburgo; il suo grande esercito, composto di soldati di ogni fede e di ogni paese, saccheggiava allo stesso modo cattolici e protestanti. Pensava forse di far del suo padrone il despota della Germania? Oppure sognava di costruire un regno per sé? Il suo furioso zelo per la religione romana era forse soltanto una unzione di cui si serviva per mascherare il suo intento di abbattere la libertà della Germania a favore degli interessi austriaci? Tali i dubbi di molti spiriti protestanti e cattolici della Germania. Massimiliano di Baviera era un onesto papista, ma non aveva combattuto per Ferdinando alla Montagna Bianca per permettere a un condottiero boemo di calpestar con gli zoccoli ferrati dei suoi cavalli i principi tedeschi. Alla Dieta di Ratisbona (luglio 1630) insisté perché Wallenstein fosse congedato e, con grande sorpresa dei tedeschi, fu accontentato.

---

1 *Trum, trum, terum tum tum,*
   E di nuovo rullano i tamburi,
   Trum, trum, terum tum tum,
   Non sono stanchi e non sono stupidi,
   fanno agli svedesi una guerra feroce,
   li sentiamo morire,
   li sentiamo nella vittoria.
   Hei, hei, heißa juchei,
   Gli uomini di Wallenstein passano,
   Hei, hei, heißa juchei
   Con allegria e gridi di guerra,
   Trum, trum, terum tum tum

Di questa incipiente rivolta contro l'impressionante dominio dell'Austria, la Francia, sotto la guida del cardinale di Richelieu, approfittò abilmente e prontamente. Disarmando la Baviera con un trattato segreto, accettò di finanziare (Trattato di Bâlwalde, 23 gennaio 1631) un'invasione svedese nella Germania, allo scopo di rialzare le fortune della causa protestante.

Da qualunque punto di vista si voglia considerarla, la figura di Gustavo Adolfo di Svezia ci appare alta e luminosa. Brillante linguista - parlava infatti otto lingue -, grande soldato e istruttore di soldati, statista di ambizioni ampie ma non inattuabili, sincero, appassionato e semplice credente nella fede ereditata dai suoi padri, Gustavo fu superiore agli altri statisti della sua epoca per energia, semplicità e integrità di carattere. Generalmente parlando, i due grandi motivi che diressero la sua vita furono la patria e la fede. Per la Svezia egli desiderava una partecipazione sicura, non molestata e predominante, nel commercio del Baltico e a tale scopo, e anche come scudo contro Russia e Polonia, una lunga striscia della costa Baltica meridionale; per il protestantesimo tedesco, la vittoria contro i cattolici e un territorio più ampio, al sicuro da ogni attacco.

Passò guerreggiando la sua matura giovinezza. Combatté i danesi, i russi e più tardi Sigismondo Wasa, il cattolico re di Polonia, appartenente alla sua stessa famiglia, che aspirava a governare la Svezia imponendovi la fede romana. In queste difficili guerre sotto gl'inclementi cieli polacchi, Gustavo si foggiò lo strumento che lo rese famoso negli annali della storia militare.

L'esercito svedese, di cui facevano parte molti gagliardi scozzesi, aveva cinque caratteristiche importanti: i soldati portavano un'uniforme; i reggimenti erano piccoli ed equipaggiati in modo da potersi spostare rapidamente; una leggera artiglieria mobile da campo, facile da maneggiare e brillantemente manovrata, rafforzava la fanteria; i moschetti erano di tipo superiori a quelli generalmente in uso; la cavalleria, invece di galoppare incontro al nemico, scaricando le pistole secondo l'uso olandese per poi tornare indietro a ricaricarle, muoveva all'assalto ad arma bianca. A questi vantaggi, la virtù del comandante dava un'efficacia incalcolabile. Regolando ogni particolare, condividendo ogni difficoltà, accettando qualunque rischio, valendosi di ogni opportunità, Gustavo animava i suoi rapidi e focosi seguaci a sopportare, obbedire e, se necessario, morire.

Prima dell'importante trattato con la Francia, Gustavo era già a sud del Baltico e ben stabilito nella Prussia orientale e nella Polonia occidentale. Se mai aveva nutrito dubbi circa l'opportunità di una campagna in Germania per la limitazione del potere imperiale, tali dubbi furono dissipati da manifesti segni d'ostilità da parte di Ferdinando. Sostenendo che l'impero di Svezia apparteneva per diritto al membro cattolico della casa dei Wasa governante in Polonia, l'imperatore rifiutò di riconoscere a Gustavo il titolo di re. Non ci voleva molto a capire che dietro questo rifiuto si celava un piano di restaurazione cattolica nella Svezia nella persona del re polacco Sigismondo.

Quando Wallenstein si fu impadronito della Germania settentrionale, procedendo in seguito ad assediare Stralsund, Gustavo giudicò ch'era giunto il momento d'intraprendere un'aspra lotta per la Svezia e per la fede. Ferdinando gli era nemico per tre diverse ragioni: come amico della Polonia, come campione della chiesa romana e come diretto pretendente alla potenza nel Baltico - e tutta la Germania sembrava ai piedi di Ferdinando. Ma, nonostante le sue ampie e generose vedute e il suo sogno di creare una federazione protestante nella Germania,

l'invincibile monarca, baluardo della fede protestante, leone del nord, terrore dell'Austria, Gustavo Adolfo
non riuscì meglio dei danesi a risolvere il tormentato problema di dare ai tedeschi la pace religiosa.

Agli studiosi d'arte militare di tutta Europa, non ultimi quelli d'Inghilterra e di Scozia, come la guerra civile doveva presto dimostrare, il metodo di Gustavo servì come modello. La sua rapida campagna vittoriosa nella Germania settentrionale, la sua schiacciante vittoria sull'esercito, superiore per numero, di Tilly a Breitenfeld (17 settembre 1631), l'avanzata delle armi protestanti su Praga a oriente, e su Magonza e Worms a occidente, la sconfitta finale di Tilly sul Ledi, e l'ingresso di Gustavo a Monaco, formano un complesso di imprese abbaglianti che per molto tempo suscitarono l'ammirazione europea. In meno di due anni le fortune delle due dottrine rivali erano state violentemente capovolte.

Ma nella vittoria svedese v'era più apparenza che sostanza. Un esercito straniero mal pagato che viva sfruttando il paese non può essere popolare. I protestanti tedeschi erano restii a sostenere una potenza di cui sospettavano con buone ragioni che tendesse soprattutto a conquistare territori tedeschi. Contrariamente alle

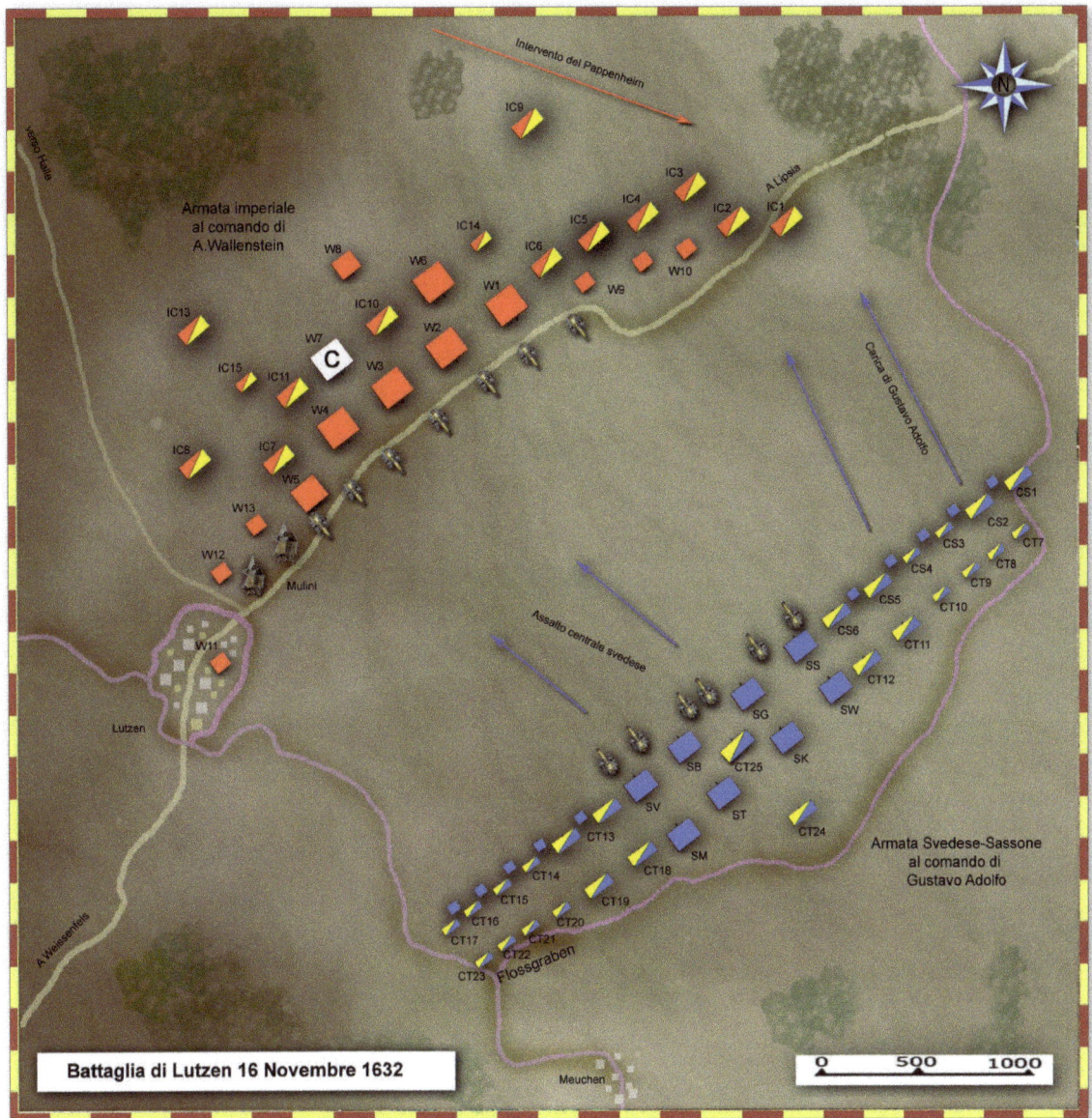

▲ Mappa della battaglia di Lützen del 16 Novembre 1632, il rettangolo bianco indica la posizione del reggimento Colloredo. Grosso modo è la zona dove trovò la morte il re di Svezia Gustavo Adolfo.

speranze di Richelieu, i cattolici, esasperati dal sistematico saccheggio delle brigate giallo-azzurre, videro negli svedesi non degli amici, ma dei nemici, cosicché, invece di muovere unite contro Ferdinando, Svezia e Baviera si gettarono l'una contro l'altra. Da questo conflitto Gustavo uscì vittorioso. Ma doveva ancor fare i conti con un esercito imperiale, nuovamente raccolto e guidato da Wallenstein, abbastanza forte per cacciare i sassoni dalla Boemia e che, dopo la sua unione con le forze di Massimiliano, contava ben 60.000 uomini.

Di grande spicco è la partecipazione di Rodolfo di Colloredo, al comando della fanteria, alla battaglia di Lützen - che, peraltro, di contro al parere di Wallenstein e degli altri generali, come Holck, aveva consigliato di evitare - del 16 novembre 1632: non solo blocca lo scompaginamento delle schiere vacillanti, ma riesce a ributtare gli assalti delle truppe scelte di Gustavo Adolfo. La battaglia sarà la più feroce della guerra: lo stesso re di Svezia rimane ucciso da un colpo sparato da un cavaliere imperiale. Colloredo si porta oltre il torrente Rippach per osservare l'avanzata nemica, con un cannone, qualche compagnia di fanteria e cavalleria leggera croata.

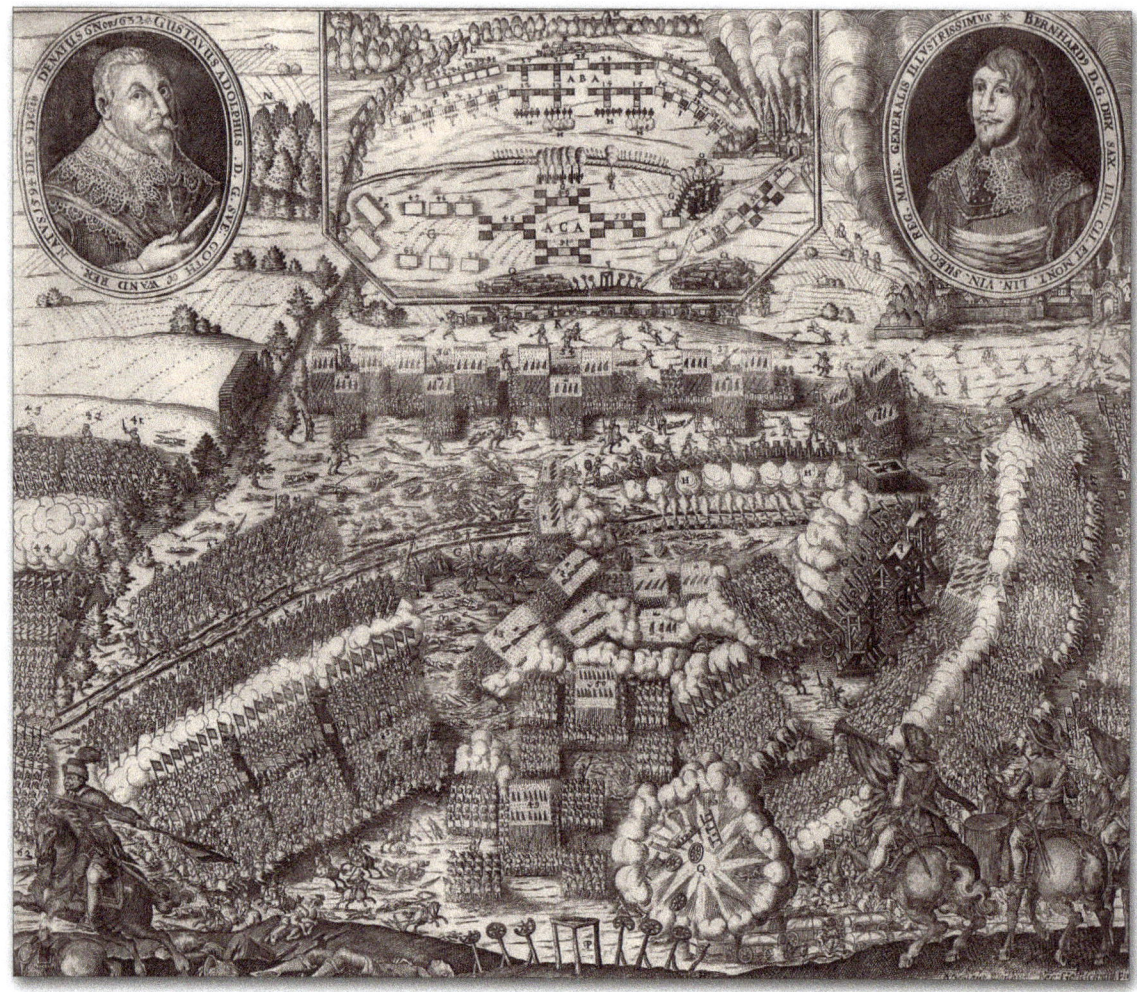

▲ Stampa coeva della battaglia di Lutzen relativa agli accadimenti nel centro degli schieramenti.
▶ Rodolfo di Colloredo ferito a Lützen si batte corpo a corpo con gli svedesi. Incisione tedesca del XIX secolo

I soldati di Gustavo Adolfo Wasa avanzano il 15 di novembre verso il campo imperiale ma sono rallentati dalle operazioni di disturbo della cavalleria leggera croata di Colloredo lungo il Rippach, ciò che permette a Wallenstein di guadagnare una giornata, decisiva per radunare le truppe. trattenendo gli svedesi. Mentre i suoi croati trattengono il nemico dieci contro uno, perdendo una bandiera catturata dalla cavalleria svedese, sulle rive del torrente Rippach, Colloredo dà ordine di sparare tre colpi di cannone. È il segnale convenuto che segnala al duca di Friedland l'arrivo di Gustavo Adolfo. La resistenza sul Rippach dura sino a sera, feroce, permettendo l'arrivo del grosso imperiale. Con le tenebre Colloredo si sgancia verso le sedici, al calare della sera, e oltrepassato il torrente raggiunge la linea imperiale, dove assume il comando del centro dello schieramento asburgico, questa volta in linea e non a *tercios*. La battaglia, ormai inevitabile, viene rimandata al giorno successivo.

La mattina del 16 novembre le due parti pregano. I luterani innalzano gli inni *Non aver timore, o piccolo gregge* e *Eine feste Burg ist unser Gott*, i cattolici intonano l'*Ave Maria* ed il *Salve Regina*. Al grido degli svedesi *Jesu! Jesu!* fa eco *Maria! Maria!* degli imperiali.

Alle 11.00 la linea svedese avanza verso il nemico come un unico uomo, nel rullo assordante dei tamburi. L'assalto principale viene portato dalla cavalleria schierata sull'ala destra svedese che rapidamente mette in fuga la cavalleria leggera nemica mentre alcune brigate di fanteria poste immediatamente alla sinistra della cavalleria scandinava attaccano a loro volta le fortificazioni nemiche, con l'obiettivo di catturare e mettere fuori uso la batteria di artiglieria posta tra l'ala sinistra e il centro imperiale. L'attacco combinato ha successo, tanto da minacciare d'aggiramento lo schieramento cattolico.

Poco dopo anche l'ala sinistra svedese giunge a contatto con le linee imperiali nei pressi dei mulini situati sulla strada per Lipsia, ma qui, dopo un iniziale successo, i corazzieri di Wallenstein riescono a fermare l'impeto del nemico bloccandone l'avanzata e impedendo l'aggiramento della linea principale.

Per fortuna di Wallenstein la cavalleria di Pappenheim arriva sul campo di battaglia. I corazzieri tedeschi si lanciano sugli svedesi con grande impeto, guidati da Pappenheim in persona, ma l'attacco si arresta quasi subito, quando il generale, colpito mortalmente, deve abbandonare il campo. Nel corso del contrattacco svedese lo stesso Gustavo Adolfo cade alla testa della sua cavalleria colpito da una palla di moschetto o di pistola. Si dice che un cavaliere imperiali gli abbia chiesto chi fosse.

Ich bin der König von Schwede, gewesen: Sono il re di Svezia, lo sono stato.

Il cavaliere, forse un corazziere, forse un croato, senza dire una parola lo finisce scaricandogli addosso l'arma. Sono forse le 12.30 e due tra i migliori generali della guerra sono caduti sul campo.

Tra le 12.00 e le 13.00 anche il centro svedese lancia il suo assalto alla linea imperiale: le brigate Gialla e Blu, la guardia svedese e tedesca del re, avanzano verso il nemico, al grido di *Magdeburgo! Quartiere di Magdeburgo!* , promettendo di usare al nemico lo stesso trattamento che i cattolici di Tilly hanno usato contro i venticinquemila uomini, donne e bambini della città luterana, massacrati senza pietà. Brahe, che comanda il centro svedese, ignora che la falla che vede aprirsi tra il fumo dei cannoni nella linea tenuta dai reggimenti di Rodolfo di Colloredo è una trappola per far avanzare le brigate del centro svedese per attaccarle sui fianchi con la cavalleria e il fuoco degli archibugieri.

Brigata Gialla (Guardia)- Generalmajor Nils Brahe (1.221 uomini):
Guardia del Corpo del Re- Kplt Erik Stenbock;
Reggimento Giallo, o di Corte- (*Hofregiment*) -GenMaj. Nils Brahe;
Brigata Blu- Oberst Hans Georg aus den Winckel (1.110), sul solo reggimento omonimo:
Reggimento Blu (noto come *Vecchio Blu di Winckel*).

I colori delle due brigate fanno ovviamente riferimento alle tre corone d'oro in campo azzurro dello stemma reale svedese. La brigata Azzurra è formata da mercenari tedeschi luterani. Gli uomini di Gustavo Adolfo non hanno il tempo nemmeno di dispiegarsi per il fuoco, che' i veterani

imperiali, che li aspettavano a piè fermo, aprono il fuoco da davanti e sui lati, e fanno strage degli svedesi prima che questi riescano a restituire il tiro. Il nipote di Rodolfo, il colonnello Giovanni Battista di Colloredo, si impadronisce della bandiera della brigata Gialla, mentre la Vecchia Brigata Blu, composta solo dal reggimento omonimo, viene decimata dal fuoco della fanteria imperiale e completamente distrutta da una carica di corazzieri su entrambi i fianchi mentre i mercenari tedeschi sono impegnati in un feroce combattimento con la fanteria nemica. Nel 2011 è stata riscoperta la fossa comune della brigata Blu, con centinaia di scheletri di uomini tra i venti ed i trent'anni, la maggior parte dei quali uccisi da palle di moschetto, e solo relativamente pochi dalle sciabolate della cavalleria.
I migliori reggimenti di fanteria svedesi sono stati eliminati dal campo di battaglia. Il centro imperiale, comandato da Rodolfo di Colloredo, ha retto al primo assalto, malgrado Rodolfo abbia ricevuto numerose ferite, anche gravi (alla fine della battaglia saranno sette) come una alla coscia destra che lo affliggerà poi per il resto dei suoi giorni, mentre le due ali sono, al contrario, in grande difficoltà. Nel frattempo la notizia della morte del re si diffonde tra i cavalieri della destra svedese fermando temporaneamente l'attacco protestante e concedendo all'ala sinistra imperiale, davvero in crisi, il tempo per riorganizzarsi.
Nel primo pomeriggio l'ala sinistra svedese lancia un nuovo violento assalto a Lützen e ai mulini costringendo la cavalleria nemica alla fuga, ma Wallenstein in persona si pone alla testa delle proprie truppe per fermare l'avanzata nemica.
L'intervento della riserva imperiale, provvidenzialmente, costringe la cavalleria svedese alla fuga proprio quando sta per circondare le truppe comandate da Wallenstein.
Alle 15.00 i due eserciti, esausti, devono interrompere i combattimenti mentre gli ufficiali provvedono a riordinare i reggimenti e gli squadroni scossi dalle perdite. La prima linea svedese di fanteria è distrutta o in ritirata, ma la seconda linea, ancora non impegnata, utilizza questo lasso di tempo per consentire ai superstiti della prima di defluire e si lancia ancora all'assalto.
Se gli altri generali imperiali cedono, Rodolfo tenta un vigoroso rilancio. Si lancia in prima fila, grida, incoraggia i suoi uomini e li sprona con l'esempio: circondato dagli svedesi si fa largo abbattendoli

▲ l'annientamento della Brigata Gialla della guardia svedese a Lutzen

▲ 1 Sergente di fanteria e tamburino (2) del Reggimento Colloredo.

all'arma bianca. Colloredo invoca ripetutamente al duca di Friedland rinforzi di cavalleria, affermando che con più cavalleria gli svedesi potrebbero venir annientati totalmente: ma Wallenstein ha impegnato tutte le proprie riserve e deve rifiutare l'invio di cavalieri. Colloredo continua a combattere ferocemente, senza cedere un palmo di terreno, ma deve, suo malgrado, desistere quasi dissanguato per le ferite (pare siano state sette, diverse delle quali di sciabola); colpito alla testa, accecato dal sangue che gli cola sugli occhi continua a dare ordini finchè cade svenuto per la perdita di sangue, venendo portato via moribondo dal campo di battaglia, e a fatica i medici lo sottraggono alla morte.

▲ La mortre di Gustavo Adolfo sul campo di battaglia di Lützen.

Le truppe imperiali impegnano le loro ultime riserve e la cavalleria, decimata, contribuisce a tenere la linea che non cede. L'avvento dell'oscurità, intorno alle 17.00, spinge i generali svedesi e protestanti, infine, a desistere, proprio mentre le fanterie di Pappenheim arrivano sul campo di battaglia.

Verso le 20.00, dopo un consiglio di guerra tra i generali cattolici sopravvissuti, Wallenstein decide di ripiegare verso Lipsia, pur senza aver perso la battaglia. Gli imperiali, infatti, possono vantare la cattura di oltre 30 bandiere e la distruzione di almeno due brigate di veterani svedesi, difficili da sostituire [9].

Vale la pena di riportare il passo che Giovanni Battista di Crollalanza nelle già citate *Memorie storico-genealogiche della stirpe Wallsee-Mels...* pubblicate nel 1875 dedica, alle pagine 186-187 alla partecipazione di Rodolfo, troppo spesso sottovalutata da storici più usi a copiare da libri di autori precedenti che alla consultazione dei documenti originali, come invece fece il Crollalanza, che ebbe accesso anche agli archivi del conte Pietro di Colloredo Mels, poi andati in gran parte dispersi; del resto ne vale la pena anche per la prosa tipicamente ottocentesca.

Trasferitosi quindi il Colloredo in Germania, prese parte alla famosa battaglia di Lutzen combattutasi nel 1632 contro il re di Svezia, Gustavo Adolfo, che vi perdette la vita. In essa si acquistò Rodolfo una tale riputazione da meritar di essere considerato siccome uno dei più grandi capitani dell'epoca. Egli vi comandò l'infanteria cattolica, e per il numero troppo inferiore di truppe aveva dissuaso di venire alle mani; ma decretata la battaglia dagli altri generali, il Colloredo fece tutte sue forze perché men disastrosa riuscisse agl'Imperiali. Difatto fu lui che regolò l'ordinanza, e nel conflitto più volte la ripristinò; le schiere che vacillavano ei ricompose, e fece retrocedere altre compagnie che fuggivano; la maggior possa dell'impeto degli avversari ebbe egli a sostenere combattendo contro i reggimenti più bravi detti delle Casacche turchine e gialle, che erano guardie del re di Svezia e che sforzarono più volte i fossi; ma appena queste erano penetrate nel di lui campo, il Colloredo con battaglioni freschi, e coll'ajuto di alcuni squadroni piombava lor sopra vigorosamente, e moltissimi ne tagliava a pezzi, ché que' prodi Svedesi, anziché cedere, si lasciarono eroicamente trucidare. Conservò Rodolfo i suoi posti fino alla sera; e la vittoria si sarebbe piegata dalla sua parte se avesse potuto ricever soccorsi di cavalleria dal Wallenstein, il quale ne era stato da lui instantemente pregato. Ciò nonpertanto, sopraggiunta la notte, e rimasta la vittoria indecisa, il Colloredo si ritrasse con buon numero d'infanteria in Lipsia, da dove tentò poscia di uscire per impadronirsi di un cannone abbandonato dai nemici, e per disputare ancora a questi la tanto contrastata vittoria, che probabilmente avrebbe coronato i suoi conati se le forze non lo avessero abbandonato. Oppresso dalla stanchezza e illanguidito per il sangue sparso da sette ferite riportate in quella gloriosa giornata, dovette abbandonarsi semivivo nelle mani de' medici, che posero ogni studio, e non poco si affaticarono per iscamparlo da morte.

IL BASTONE DI MARESCIALLO. DALLA MORTE DI WALLENSTEIN A GOVERNATORE DI PRAGA

Chi non arrischia non può sperare.
(Schiller, *Wallenstein*, I, VII)

Promosso Intendente Generale dell'Artiglieria (*Großmeister der Artillerie*) dall'Imperatore su richiesta del Wallenstein, che lo considera uno dei suoi migliori generali, Colloredo si dedica a rinnovare il parco di artiglierie dell'esercito imperiale, abbandonando i vecchi modelli rinascimentali ancora in uso e cercano per quanto possibile di modernizzare ed uniformare il calibro dei pezzi: a lui si deve la fusione di molti cannoni su nuovi modelli, che, marcati con lo stemma dei Colloredo, saranno adoperati a lungo.

Un ulteriore avanzamento di carriera, il più importante, arriva lo stesso anno quando l'imperatore Ferdinando II conferirà a Rodolfo il bastone di *Generalfeldmarschall* con *la collatione in sua persona* - come informa il residente veneto a Vienna Antonio Antelmi il 15 ottobre 1633 -*del marascialato del campo*. E' il primo Colloredo a ricevere tale grado, il più alto dell'esercito imperiale: e con lui inizia la sequenza dei Feldmarescialli della famiglia che in due secoli arriverà a contare il maggior numero di Marescialli nella storia militare europea [10].

Nel novembre tenta, *con alcuni reggimenti d'infanteria et cavalleria*, di soccorrere Ratisbona; caduta la città in mano svedese, Wallenstein l'invia *con cinque reggimenti d'infanteria nella... provincia di Slesia* alla fine di dicembre, affidandogli il comando di tale settore.

Qui, una volta emerso alla luce del sole e ormai irreparabile il contrasto tra Wallenstein e Ferdinando II, il Colloredo è, all'inizio del 1634, tra i più decisi fautori del secondo, malgrado il duca di Frieland gli offra la sovranità sul Friuli, da costituire in ducato autonomo una volta smembrato l'Impero. Il ducato comprenderà non solo Gorizia, Cormons, Lubiana, Duino, Trieste, l'Istria arciducale e Fiume, ma anche il Friuli veneto, da strappare alla Serenissima con le buone o con le cattive. Wallenstein crede di poter contare ciecamente sul Colloredo, che ha combattuto sotto di lui dall'inizio della guerra, e per il quale ha perorato il Marescialato; lo considera un generale fedele, abile, tenace se non particolarmente brillante. Ciò di cui il duca di Friedland non ha tenuto conto è il carattere di Rodolfo: fedele all'imperatore, e non ad un generale sia pure legato a lui da vincoli di cameratismo e stima, e, l'offerta del Friuli non può interessare chi ha indossato l'abito di cavaliere di Malta per profonda convinzione e non per mero interesse.

Il commento di Rodolfo quando gli vengono riferite le proposte del Wallenstein è durissimo e lapidario:

Bisogna impiccare subito quella canaglia!

Il 12 gennaio 1634 Wallenstein costrinse i suoi generali ad un impegno di fedeltà *fino a che egli fosse rimasto al servizio dell'imperatore*, ma il documento che viene fatto loro firmare non contiene questo passaggio essenziale.

Ferdinando emana segretamente un decreto che destituiva Wallenstein e nomina Matthias Gallas a succedergli. Gallas è autorizzato ad arrestare e, se necessario, ad uccidere il comandante supremo come traditore e con lui tutti gli ufficiali che gli siano rimasti fedeli.

A metà febbraio il decreto viene reso pubblico: Wallenstein è accusato di tradimento, cospirazione e comportamento scorretto, e viene pertanto privato delle terre e dei titoli.

L'imperatore sa che può contare ciecamente su Rodolfo: al Maresciallo di Colloredo spetta il compito *di trattenere quanto può le genti* di Johann Hans Georg von Arnim Boitzenburg sì che non possano soccorrere il condottiero ribelle.

Nel novero dei generali lealisti cui l'imperatore fa appello nel denunciare il tradimento di questi, non solo controlla gli accenni di connivenza serpeggianti all'interno dei dodici reggimenti al suo comando, ma, mentre si trova nella fortezza di Ohlau, riesce a imprigionare il generale Hans Urlich von Schaffgotsch, tra i *congiurati in Slesia* che, per ordine di Wallenstein, aveva tentato a sua volta d'arrestarlo il 24 febbraio, facendolo trasferire in catene a Budweiss.

Giunto - scriverà il 4 marzo Antelmi - *Sciocfus al suo quartiere*, il Colloredo, *condotolo in stanza, in disparte con segno di profondamente ubedirlo, fece da una porta segreta avanzare le proprie guardie che*

▲ Nel 2011 è stata rinvenuta a Lutzen la fossa comune dei caduti della Brigata Blu svedese

s'assicurarono del Sciocfus, communicandogli il commando di Sua Maestà, che di ragione doveva prevalere a quello di un già reprebato ministro.

Schaffgotsch verrà giustiziato il sei luglio 1635.

Nel frattempo, con tre generali rimastigli fedeli, Adam di Trčka, Ilow e Kinsky, Wallenstein lascia precipitosamente i propri quartieri invernali di Plzen, nella Boemia occidentale, e si dirige verso il confine slesiano, forse con l'intento di unirsi agli svedesi, e contando sul fatto che Schaffgotsch abbia fatto arrestare Colloredo, cosa che come visto non è avvenuta.

Due giorni dopo raggiunge con i suoi generali la città fortificata di Cheb, dove si ritiene al sicuro.

La sera del 25 febbraio 1634 il comandante della città invita i quattro ufficiali fuggiaschi ad una cena al castello; i tre generali accettano ma Wallenstein rimane nel suo alloggio, sfuggendo così ad una trappola. I tre vengono infatti giustiziati per ordine di un ufficiale di Ferdinando. E' tarda sera e infuria una violenta bufera di neve: un capitano inglese, Walter Devereux con sei dragoni, entra nell'alloggio del comandante in capo, gridando *Vivat Ferdinandus imperator!*

Trovano Wallenstein in piedi presso una finestra: scruta il cielo, forse per interrogare le stelle. Quando Devereux avanza puntando l'alabarda, il duca di Friedland, *l'Aquila Nera*, implora pietà ma ormai è troppo tardi: la punta dell'arma gli penetra nel petto ed egli stramazza esanime.

Frattanto il Colloredo opera pure altri arresti: *Ora ò messo in aresto* Heinrich Kustos, scrive egli stesso a Galasso il 2 marzo. La repressione è inarrestabile.

Una fedeltà che l'imperatore ricompensa: da un altro dispaccio, del 29 aprile, d'Antelmi risulta, infatti, che pure al Colloredo tocca una parte dei *beni già del Waldstein*.

Nel *Wallenstein* di Schiller invano si cercherà il nome del Colloredo: la censura austriaca del regime sempre più poliziesco voluto dal *Reichskanzler* conte Francesco di Paola di Colloredo spinse il drammaturgo a mascherare il generale friulano sotto il nome di Collalto, il quale era in realtà morto da anni all'epoca della caduta di Wallenstein, il 18 novembre del 1630.

Al *commando dell'armata in Slesia*, il Colloredo allarga il raggio dei suoi interventi.

Rodolfo di Colloredo dispone d'ingenti forze (82 compagnie di fanti e 4 reggimenti di cavalleria, a detta di Gualdo Priorato) e riesce a battere i luterani:

Qui corre voce - scrive da Roma il 19 agosto Fulvio Testi, al quale già il 21 giugno era giunta notizia d'un duro colpo inflitto dal Colloredo ad Arnim - che il Marradas e il Colloredo *habbiano dato una grandissima rotta alle genti di Sassonia vicino a Praga*.

Le due vittorie di Rodolfo costituiscono un colpo durissimo per il prestigio di von Arnim e per le truppe sassoni. Battaglie su cui mancano particolari, *lost battles* perse nella nebbia della storia, come molti altri scontri del trentennale conflitto, oscurati dal tempo e dal ricordo di battaglie ben più celebri ma non necessariamente più sanguinose, di cui restano solo poche menzioni nei rapporti dei diplomatici ai loro governi.

Nel 1634 Rodolfo di Colloredo viene incaricato dall'arciduca Ferdinando d'Asburgo, successore di Wallenstein come comandante in capo imperiale, di occupare il ducato di Öls in Slesia, il cui duca Carlo Federico ha aderito ad una lega difensiva con il duca Giorgio Federico di Liegnitz, Giovanni Cristiano di Bries e la comunità di Breslau, ponendosi sotto la protezione della Svezia, della Sassonia e del Brademburgo. Colloredo alla testa di un forte contingente muove dalla Boemia ed occupa rapidamente gran parte della Bassa e Media Slesia, e conquista la capitale del ducato con il castello che la difende, *che era importantissimo per il piano di campagna che si era proposto il Comandante in capo, il quale confidato aveva al Colloredo la importante missione di osservare i movimenti del nemico nella Slesia e nella Lusazia*; sbaragliando i protestanti, subendo perdite irrisorie. Ferdinando ha la strada aperta verso la Slesia e la Lusazia.

Ora si batte contro Johan Gustafsson Baner, ora fronteggia Lennart Torstensson, costringendo gli svedesi alla difensiva.

Dopo la Slesia, Colloredo combatte contro i francesi in Borgogna a fianco del Gallas e di Tommaso di Savoia Carignano: nel dicembre del 1635 tenta invano d'impadronirsi di Porrentruy (ove ha delle connivenze tra i gesuiti); nel 1636, dopo esser penetrato in profondità al di là della Mosella in *un'ardita scorreria, che se non gli riuscì fortunata, procacciò nondimeno gloria al suo nome* (di Crollalanza), nata sotto il segno dell'insubordinazione dei croati, che rifiutano di partecipare alle operazioni, privando il Feldmaresciallo Colloredo della fondamentale opera di ricognizione della cavalleria leggera; dopo esser penetrato in profondità in territorio nemico ed aver messo in rotta diversi reparti francesi e bruciato villaggi e magazzini, Rodolfo è battuto dal maresciallo Armand Nompar de Caumont La Force presso Baccarat e costretto ad una temporanea e, peraltro, riguardosissima prigionia in mano francese, dove è trattato con tutti gli onori dovuti al suo rango. Ecco come narra gli eventi il Conte Galeazzo Gualdo Priorato nella sua *Historia delle guerre di Ferdinando II e Ferdinando III imperatori e del re Filippo IV di Spagna contro Gustavo Adolfo re di Svetia e Luigi XIII re di Francia successe dall'anno 1630 sino al l'anno 1640*, pubblicata a Bologna nel 1641 a pag. 318 :

Levossi però da' suoi quartieri con 24 compagnie di cavalleria, e passò la Mosella per unirsi con altri 2000 cavalli crovati, e così far una buona invasione contro Francesi. Non gli andò per tanto sodisfatto il pensiero, perchè i Crovati ancora memori dell'incontro havuto nelle correrie de'mesi passati, negarono di seguirlo, onde entrato egli colla sola sua cavalleria, e spintosi nella Champagna, saccheggiò diversi villaggi, diè la carica ad alcune bande francesi, e talmente s'innoltrò, che havendo havuto tempo il Maresciallo della Forza di far marchiare la sua gente alla Mosella, per dove doveva ripassare, lo colse nel mezzo, e dopo breve scaramuccia d'ambe le parti, astretto il Colloredo a meditar la ritirata, nè potendo ricovrarsi in alcun luogo, posciachè i passi del fiume erano preoccupati, bisognò con perdita del bottino, e della maggior parte de' suoi, restar egli prigione de' Francesi, da' quali fu cortesemente, e come è costume di quell'honorevolissima natione ricevuto e trattato conforme al solito, che la gentilezza della nobiltà francese fà a' Cavalieri grandi e di stima. Il Maresciallo la medesima sera invitollo a cena seco, ove con grandissima soddisfattione dimorò, e di tutti que' Signori Francesi, i quali molto trovaronsi contenti di haver tolto all'Imperatore un Cavaliere così ingenuo e valoroso.

Una momentanea disavventura che non scalza la sua posizione, come, d'altronde, non l'hanno precedentemente insidiata *delle lamentatione fatte di quelli di Boemia* contro di lui, cui s'accenna, in una lettera del 10 febbraio 1635, ad Ottavio Piccolomini nella quale si prevede per il Colloredo qualche fastidio, che, peraltro, non avrà mai. Rodolfo. è sempre, come annotano nella relazione del 18 febbraio 1638 gli inviati veneti Renier Zeno e Angelo Contarini, tra i *cinque... marescialli generali di campo* dell'Impero.

Ed è altresì membro del Consiglio Aulico di guerra, ma non solo, perché Ferdinando vorrebbe che Colloredo diventasse generalissimo delle armate cesaree, ma Rodolfo si schernisce e rifiuta più volte di assumere il comando supremo che era stato del Wallenstein:

Riacquistata la libertà, si ridusse di nuovo in Boemia, dove esercitò sempre la soprintendenza delle armi del regno, né mai volle assentire ai reiterati inviti dell'Imperatore, di assumer cioè il supremo comando di tutto l'esercito (di Crollalanza).

Colloredo è dunque un personaggio di gran credito, non solo dal punto di vista militare, ma anche da quello politico, quindi, al quale, il 13 agosto 1636, è stato conferito il titolo di *Hoch und Wohlgeborn* (illustrissimo) e che, nel 1637, alla morte di Wratislaw Mitrovitz è anche eletto Gran Priore dell'Ordine di Malta per la Lingua di Boemia: alla sua autorità si raccomanda, con toni umilissimi, il 22 dicembre 1644, il duca di Modena Francesco d'Este perché protegga il domenicano Spirito da Rivalta, allora a Vienna.

DER JUNG GRAF COLLOREDO. GIROLAMO, UNA CARRIERA ALL'OMBRA DEL FRATELLO

Nell'estate del 1638 Rodolfo viene raggiunto dalla notizia della morte del fratello Girolamo, caduto da valoroso sotto le mura della fortezza di Saint Omer dopo aver rotto l'assedio francese. Girolamo è una figura poco nota, oscurato com'è dalla fama del fratello Maresciallo; è nato nel 1586, un anno dopo Rodolfo, ed è anche lui cresciuto come paggio di cappa e coppiere alla corte di Rodolfo II, di cui diviene anche Cameriere Segreto.

Come il fratello maggiore, anche lui si sente portato per la carriera delle armi: divenuto ufficiale di cavalleria, prima combatte come *Reittmeister* nella guerra di Gradisca, poi come colonnello in Boemia. Cala in Italia con il fratello, e partecipa alla guerra di Mantova ed alla presa della città lombarda. Tornato in Germania, nel novembre del 1630, in Prussia, viene incaricato dal *Feldmarschall* principe Conti di rompere il blocco svedese della città di Kolberg; Girolamo di Colloredo dispone di 1500 fanti, tra i quali quattro compagnie di archibugieri, 600 cavalieri tedeschi, 16 compagnie di croati e due cannoni. Quando i suoi esploratori lo informano della presenza di un corpo svedese ben più numeroso al comando del Feldmaresciallo Gustaaf Horn tra cui i corazzieri di von Uslar, la fanteria di Hepburn, Teffel e von Thurn, cui si è unito il reggimento di cavalleria di Efferen Hall, Girolamo ripiega, inseguito dal nemico, certo di una facile vittoria; ma quando Horn arriva dopo aver spinto in avanti la cavalleria per evitare lo sganciamento degli imperiali, in una mattinata gelida e nebbiosa, davanti al villaggio di Falkenberg trova le truppe di Colloredo schierate in ordine di battaglia, e viene investito da una micidiale salva di fucileria, cui fa immediatamente seguito l'assalto indisciplinato dei croati che mettono in fuga la cavalleria di Efferen Hall. Quando arriva la fanteria svedese, la cavalleria di Horn è in rotta, e anche i fanti vengono sconfitti. Colloredo perde 40 uomini, gli svedesi 400 e quattro bandiere.

A Lützen, alla testa del suo reggimento di cavalleria, noto come *Jung Colloredo* per distinguerlo da quello del fratello, fa prodigi di valore, caricando ripetutamente i reggimenti svedesi, venendo ferito, e guadagnandosi il grado di Tenente Maresciallo (*Leutnantfeldmarschall*) ed il comando delle truppe imperiali impegnate in Slesia agli ordini ancora una volta

▲ Raduno di soldati imperiali durante la guerra dei 30 anni.
◄ Ritratto di Rodolfo di Colloredo ai tempi dell'assedio svedese di Praga

▲ Assedio di Saint-Omer, del 1638 ove trovò la morte Gerolamo Colloredo. dipinto di Peter Snayers

del fratello maggiore Rodolfo. Il 13 maggio 1634 il *Leutnantfeldmarschall* Girolamo di Colloredo ingaggia a Liegnitz (oggi Legnica), in Slesia, l'esercito sassone di Hans Georg von Arnim, grandemente superiore di numero. Girolamo dispone di dodici compagnie di cavalleria e quattro reggimenti di fanteria. Dopo un duello di artiglieria iniziato all'alba, i sassoni attaccano il centro imperiale che indietreggia verso Liegnitz, malgrado Colloredo contrattacchi con la cavalleria il fianco destro di Arnim, che cede. I sassoni a loro volta lanciano un attacco sul fianco degli imperiali, e Colloredo alle tre del pomeriggio deve abbandonare il campo, dopo aver perduto quattromila uomini tra morti e feriti, e lasciato in mano nemica millequattrocento prigionieri, quaranta bandiere e nove cannoni.

La sconfitta provoca l'ira dell'imperatore Ferdinando II che lo fa rinchiudere nel castello di Oldenburg. Liberato, anche perché il fratello Rodolfo ha distrutto i sassoni di von Arnim, partecipa alla campagna di Borgogna agli ordini di Mattias Gallas.

Da una lettera scritta da Wilhelm von Slavata ad Adam von Waldstein il 17 ottobre 1635 si apprende che Girolamo è comandante contro le truppe franco-weimariane agli ordini dell'arciduca Ferdinando di Ungheria. Il Colloredo si batte dunque contro i francesi di Luigi XIII. Passando la Mosella in ricognizione si trova di fronte l'intero esercito francese al comando del maresciallo de la Force, ma riesce a ripiegare, malgrado il panico delle truppe che avrebbero dovuto coprire la ritirata e che si danno alla fuga, dopo aver inflitto pesanti perdite e ad avvertire Gallas, evitando la sorpresa strategica che avrebbe portato all'annientamento dell'esercito imperiale.

Il generale mercenario inglese Sydnam Poyntz (1598- 1663), un curioso avventuriero che milita prima nel reggimento inglese al servizio dello *Staatsholder* d'Olanda, con Mansfeld in Germania e Ungheria, nell'esercito sassone con Gustavo Adolfo a Breitenfeld e quindi, cambiato fronte, con Rodolfo di Colloredo a Lützen- e poi a Nordlingen e nell'esercito spagnolo, nel frattempo combattendo anche contro i turchi e venendo fatto prigioniero dagli ottomani!- prima di combattere nella Guerra Civile inglese, scrive nelle proprie memorie, *The Relation of Sydnam Poyntz*, che

Nello stesso tempo Gallas marciò dietro l'Esercito Francese che si ritirava attraverso Metz in Lorena, avendo messo a sacco le terre del duca di Sorbruck [Saarbrucken], *con le principali Città, a dire Sorbruck, Sweybruck* [Zweibrucken] *etc. Ed inseguendo i Francesi oltre la Mosella, inviò il Giovane Colloredo* [ossia Girolamo] *innanzi a lui con l'Avanguardia di 6000 cavalleggeri, che incontrarono un Reparto di 200 Francesi più o meno, e li ammazzarono in gran parte a fil di spada, ma presero prigionieri i Principali Ufficiali, e così andando avanti attraverso un Bosco, egli* [Colloredo] *vide un gruppo di 2000 Cavalieri francesi, che erano su una Collina con ai piedi un piccolo Ponte, ma sull'altro lato della Collina erano i Francesi con tutto l'intero Esercito, Colloredo avanzò oltre il Ponte contro questi 2000 con tutti i suoi 6000* [uomini]*, ma inviò due grossi reparti per attaccarli, e lui marciò sulla destra sino in cima alla Collina, dove vide l'intero Esercito* [francese]*, ma massacrò da coraggioso Soldato buona parte dei 2000* [francesi] *prima che gli altri potessero risalire la collina. Ma Colloredo decise di ritirarsi in buon ordine, ed ordinò a 2 Colonnelli con 3000 Uomini, che erano Binder, Long* [Lang] *e Peter Gets* [Götz] *di trattenerli finché non avesse passato il Ponte, e che li avrebbe appoggiati, ma i suoi soldati si scoraggiarono per questa ritirata, e quando arrivò l'Esercito Francese fuggirono tutti (…) e il Nemico lì inseguì per 6 Miglia Inglesi. Il Colonnello Lang fu ucciso, il Colonnello Binder e Gets vennero presi Prigionieri. Ma Colloredo si allontanò con circa 3- 4000 uomini raggiungendo Gallas.*

La campagna prosegue: *der Jung Graf Colloredo*, come viene chiamato per distinguerlo dal fratello, combatte a Raon- les Leau il 17 marzo 1636, poi a Baccarat agli ordini del fratello Rodolfo, ed al Bois de Vincennes. Oltre a combattere i soldati di Colloredo rinnovano le gesta della guerra di Mantova: così vengono descritti da Johannes Plebanus (1581- 1636) che vede gli uomini di Girolamo passare per Francoforte il 30 marzo 1636:

Tre reggimenti imperiali passarono per Francoforte per combattere i Francesi (…) non hanno nulla di imperiale, sono barbari e tirannici: rubano, saccheggiano, spogliano, stuprano.

E proprio presso Bois de Vincennes Girolamo viene catturato dai francesi, non per propria colpa, come dimostra la successiva promozione. Liberato, viene promosso infatti *General der Kavallerie*, il grado più alto prima del maresciallato, ed ha il comando di un corpo di cavalleria con il quale riesce a scacciare le truppe di Luigi XIII che assediano Saint Omer il 24 luglio. Quel giorno Colloredo, alla testa di dodici squadroni imperiali e spagnoli travolge la brigata del conte d'Arpajoux, formata dai reggimenti francesi *Piemont* e *La Marine*, i cui soldati non resistono e fuggono; i francesi rispondono con un furioso contrattacco che in un primo momento sembra ristabilire la situazione, quando Girolamo, postosi alla testa della cavalleria carica gli attaccanti e li costringe alla rotta: i comandanti francesi des Roches, de Saint Quintin e il marchese de Trousse vengono uccisi, il signore de Maroles ferito, il marchese de Fors viene catturato, ma proprio nel momento della vittoria un colpo di pistola sparato da un dragone francese lo ferisce mortalmente. Portato agonizzante nel Fort St Jean, Colloredo spira poco dopo, ponendo fine ad una carriera definita da di Crollalanza *disgraziata ma pur sempre gloriosa*.

Anche suo figlio Lodovico (Ludwig) segue la carriera delle armi, raggiungendo il grado di *Feldzugmeister*, e distinguendosi contro ungheresi e turchi; con lui si estingue nel 1693 il ramo primogenito dei Colloredo, la cui ultima esponente è la figlia Maria Antonia, nuora del grande Maresciallo Raimondo Montecuccoli, duchessa di Amalfi.

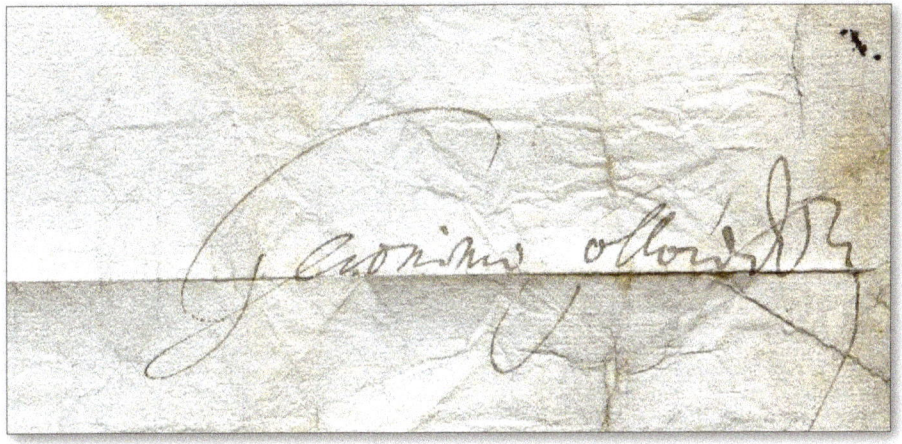

▲ Firma di Girolamo di Colloredo, su una lettera del 1627

▲ Il Feldmaresciallo Rodolfo di Colloredo e alcuni suoi blasoni nobiliari.

L'ASSEDIO DI PRAGA E IL CREPUSCOLO DEL MARESCIALLO

Rodolfo di Colloredo, trasferitosi a Praga a soprintendervi le armi del regno di Boemia- è stato nominato nel 1642 Comandante Generale delle Armi del Regno- nel quale detiene, pure, come si è detto, il gran Priorato dell'Ordine di Malta, della cui Religione è anche ambasciatore presso Ferdinando III, riesce a mantenere in mano imperiale la Boemia, tanto che neppure la schiacciante vittoria ottenuta da Lennart Torstensson- che già ha occupato Olmütz e devastato la Moravia- su Melchior von Hatzfeld a Jankau il 6 marzo 1645 minerà il controllo asburgico su Praga, controllo che non viene meno neanche quando i soldati svedesi minacciano la stessa Vienna, e forse come riconoscimento di ciò Rodolfo, lo stesso anno diviene Consigliere Intimo dell'Imperatore. Due anni dopo una nuova minaccia svedese incombe sulla Boemia, ma il 20 agosto 1647 i protestanti subiscono una dura disfatta nella battaglia di Triebl.

Rodolfo inizia la sistemazione del sontuoso palazzo nella città piccola, sulla riva sinistra della Moldava, come ricorda il commendatore di Malta Girolamo di Colloredo, che nel 1643 è a Praga ospite dello zio:

Il Signor Maresciale ha comprato qua un belissimo palazzo, et hora l'hà cominciato ad habitare, et ha voluto, che io habiti dentro; egli è ancora in tratato col Colonnello Cordon [sic per Gordon] per comprare li suoi beni per cento mille fiorini, et vuol dare 45:m alla mano, altri 45:m in alcuni pezzi di scoltura, et altri 10:m le darà poi.

I *pezzi di scoltura* sono sicuramente le statue antiche provenienti dal saccheggio di Mantova: e il brano è indicativo dell'agiatezza di Rodolfo, in un'epoca in cui si diceva che un Feldmaresciallo imperiale guadagnasse quanto un duca italiano. Il palazzo di Rodolfo è ora sede dell'ambasciata statunitense presso la Repubblica Ceca.

Ma non tutto è tranquillo come appare: il Feldmaresciallo subisce, il 26 luglio 1648, un audacissimo colpo di mano svedese conto Praga, favorito dal tradimento di un disertore boemo, Ernst Odowalsky, *già* nell'Armata di Boemia e passato agli svedesi, che padre Florio Cremona, sella sua *Relatione* definisce

…Un tristo il cui nome non merita memoria.

Con appena *due mille o poco più huomini* Hans Christofer Königsmarck irrompe di sorpresa senza trovare resistenza ed occupa parte della città nuova di Praga, ma non il castello. Gli svedesi hanno colto di sorpresa, anche grazie al tradimento di Odowalsky, i suoi subordinati e tocca al Maresciallo provvedere. Di tutta la *famiglia* del Colloredo, composta d'oltre cento persone solo egli riesce a porsi in salvo, scrive l'ambasciatore veneto Sagredo il 7 agosto: tra i catturati figura anche un Colloredo, il conte Curzio, fratello questi del *Generalwachtmeister* Giovanni Battista e del poeta Ermes ma contrariamente a quanto scrive l'ambasciatore si salva dalla cattura anche un altro Colloredo, Nicolò, come vedremo.

Il non più giovane generale riesce rocambolescamente a porsi in salvo:

Ma la mattina alle 3 entrò all'improvviso dentro la città l'Armata del Kinigsmark [sic!], scrive in italiano nel proprio diario il cardinale Ernst Adalbert von Harrach, caduto prigioniero degli svedesi, *havendo subito con un petardo aperto la porta del Strahoff, dove non si trovò che il puoco presidio solito, senza un huomo di più alle trinciere, et immediate scorsero abbasso nella Parte piccola al ponte quale occuporno da questa banda, et alla casa del Coloredo, il quale pare facendo i suoi qualche resistenza, hebbe intanto tempo di saltare il muro del suo giardino e salvarsi dentro le vigne.*

Ricorda Nicolò di Colloredo, ospite dello zio al palazzo, e che sarebbe dovuto partire da Praga proprio il giorno seguente:

Fu la notte istessa sorpresa da' Svedesi la parte picciola di Praga detta Clansait, dove noi ci trovavamo, e col Clansait ancora il Castello; al strepitar dell'Armi corsi alle stanze del S.r marescialle, mi esibij pronto ad ogni suo comando, e seco uscendo di Casa per la porta del Giardino sempre lo assistei, e camminai avanti per la sua sicurezza, et acciò che non fosse conosciuto li proposi che si travestisse, e li esibij il mio vestito. Arrivati finalmente dall'altra parte della Città di là del fiume Molda chiamata città nova, e città vecchia, tutti ci mettessimo alla difesa di questa, e sentendo il buon vechio, che io la Note spesso stavo in corpo di guardia alla muraglia, che aiutavo io stesso ad alzare trinciere dove più ricercava il bisogno ne mostrò particolar gusto (p.210)

Il Castello viene saccheggiato, le ricchissime collezioni di Rodolfo II vengono disperse e la *Wunderkammer* distrutta per sempre; anche Palazzo Colloredo in Mala Strana subisce la stessa sorte. Gli arazzi, le statue antiche, le argenterie, i quadri in buona parte provenienti dal sacco di Mantova prendono la strada d Stoccolma e delle collezioni di Cristina di Svezia, che li donerà al papa dopo la conversione al cattolicesimo:

Tutti gli argenti, tutte le gioie, scrive l'abate Bini (1689- 1773) nel settecento parlando di Rodolfo, *le preziose tappezarie, che portate in Svezia, dalla Regina Cristina furono donate al Palazzo Vaticano dove come una meraviglia si espongono nella Processione del Corpo di Cristo, custodite da numerose guardie.*

L' Abate Bini vede gli arazzi mantovani conservati in Vaticano quando viene chiamato a Roma nel 1714 per seguire in qualità di ajo l'educazione di Fabio di Colloredo, figlio del marchese Rodolfo (1676 – 1750), e ammira

Quelle tapezzarie con molto stupore, per la nobiltà, e ricchezza del disegno, e dell'opra.

Si dice che passando per Mantova diretta a Roma la figlia di Gustavo Adolfo mostri al duca gli stessi pezzi che il Colloredo ha saccheggiato nel palazzo ducale della città lombarda, con quali reazioni del Gonzaga non è difficile immaginare…

Il Colloredo, che si è ritirato nella vecchia città con 800 uomini, chiude gli sbocchi principali, e rende vani gli attacchi del nemico, sebbene non abbia che soli due pezzi di artiglieria, e che sia obbligato di prender le armi in tutti i magazzini degli armaioli per rifornirne gli studenti e i cittadini.

…Il signor Conte Rodolfo da Colloredo Maresciale di campo con la solita sua prudenza inanimò gli cavaglieri a radunarsi insieme a cavallo formando di loro un squadrone come fecero, et vedendo esser troppo grande il circuito della Città che gira almeno 5 miglia italiane, et vedendo di piu trovarnosi poca infanteria, percio a nome di S.M.C. con letere ricercò il signor don Florio Cremona come delegato del Eminentissimo Cardinal d'Harrach accio' esortase li religiosi nel comun pericolo voler difender la Religion Catholica, la Patria, et loro stessi, alla qual requisitione non poté far dimeno sudetto signor don Florio che corispondere, così in persona prima e poi con letere invito tutti religiosi a voler in tanta necessita monstrarsi ben affetti alla Religione, a Cesare, et Patria, scrive *la Relatione dell'attacco et assedio di Città Nova di Praga, et vechia fatta dal Conte Palatino l'Anno 1648* del padre Florio Cremona.

▲ L'assedio svedese di Praga del 1648, con i ritratti di Colloredo e Conti.
◀ La battaglia del Ponte Carlo in cui soldati di Colloredo e cittadini praghesi fermarono gli svedesi nel 1648

Gli svedesi, ricevuti considerevoli rinforzi, con 40 pezzi di artiglieria fanno ben presto tacere i due cannoni degli assediati senza però indebolire il coraggio dei praghesi. Ma l'arrivo del Principe Conti, uno dei più abili ingegneri dell' esercito imperiale, agevola al Colloredo il modo di fortificare e di aumentare le sue linee di difesa, e di supplire con lo scavo di mine alla mancanza di artiglieria. Gli attacchi dei soldati di Cristina di Svezia non rallentano per questo, anzi, dopo ricevuti nuovi rinforzi si fanno più frequenti e vigorosi, e

...*Praticate larghe breccie per le quali potesse passare un carro, l' artiglieria svedese si avvicinò alla portata di un tiro di pistola. I talenti del Conti, la bravura del Colloredo e l'eroico coraggio de'Cittadini, accresciutisi col pericolo, supplirono all' insufficienza delle difese.*

Königsmarck intima invano alla piazza di Praga di arrendersi, e ordina l' assalto generale; ma una parte degli svedesi *ne fu inghiottita all' esplosione di una mina, ed il resto fu perseguitato dagli eroici difensori fin nelle loro trincee..*

Di nuovo il Conte Palatino chiede la resa, minacciando di sterminare non solo la guarnigione ma anche tutti i cittadini, compresi anche i *figliuol[i] dentro il ventre della madre* in caso gli imperiali non si arrendano:

...*Mandò il Conte Palatino ... per un trombeta una lettera al Marescial Colloredo, il cui tenore era che S.A. sapeva molto bene che noi eravamo ridotti agli estremj, et che pero S.E. si disponesse ad una categoriga risolutione, et che protestava avanti Dio non haver colpa alcuna del sangue che era spargersi dentro la Città se la fortuna gli havesse concesso d'entrar dentro per assalto, et si guardassero all'hora tutti gia che non haverebbe dato quartiere neancho a figliuolo dentro il ventre della madre.*

Il Maresciallo, non solo rifiuta, ma schernisce gli assedianti, facendo rispondere di essere uscito dalla città (cosa ovviamente impossibile) per raccogliere rinforzi, e che il Conte Palatino attenda pure il suo ritorno per ricevere risposta! Al suo fianco è sempre il nipote Nicolò. Questi, pur essendo più esperto di codici che di armi, ha chiesto di avere un comando per poter combattere in prima linea, ma Rodolfo è stato netto nel rifiutare:
Lei non sa ne il Mestiere, ne la Lingua, si farà amazzar fuor di sproposito, venghi dietro gli altri. E così feci, scrive Nicolò, *servendolo a Cavallo et a piedi in tutte le occasioni.*

Finalmente dopo tre mesi di assedio, gli assalitori, stanchi per la inutilità ed infruttuosità dei loro sforzi, il 24 ottobre si ritirano, e l'indomani gli abitanti di Praga ricevono l' annunzio di una sospensione d'armi, e poco dopo quello della pace conclusa a Munster.

I profili unanimemente elogiativi dedicati al Colloredo insistono sull'energia con la quale egli organizza la difesa della città impedendone l'occupazione completa, e la battaglia del Ponte Carlo resta l'epopea della Praga cattolica, e non solo: a fianco dei soldati di Colloredo si battono ferocemente anche gli ebrei, i preti, gli studenti, i borghesi e i popolani. Praga si batte contro i luterani come non si era battuta contro i cattolici all'epoca della Montagna Bianca. Gli scontri lungo il ponte Carlo, sulle sponde della Moldava durano mesi. Cristina non avrà mai la Cittàdella e il Parco dei cervi. Gli uomini del Königsmarck non riusciranno a varcare la Moldava, arrossata dal sangue di svedesi, finnici e sassoni: Praga resterà asburgica sino al novembre del 1918, e cattolica per sempre.

Annota Alessandro Catalano che naturalmente in un episodio così signicativo non poteva mancare un *topos* classico della cultura boema del XVII secolo a sancire simbolicamente la fine della guerra: tra i nemici infatti si era sparsa la voce che i praghesi erano stati aiutati da *una strega con manto Turchino e molti figlioli, poiché la stessa strega pigliava le nostre granate nelle mani quando volavano, e le ribatteva verso noi*. A questo punto Cremona non può che essere persuaso che *la Santissima Vergine habbia prosperato la nostra difesa per tante continuate orationi che si facevano*, anche se è comunque costretto ad ammettere che *niuno però de'nostri ha visto questo, ma de nemici molti*.

▲ Hans Christoffer von Königsmarck (1605-1663) comndante le forze tedesco-svedesi nell'assedio di Praga del 1648

Lo stesso imperatore Federico III d'Asburgo, ammirato, scrive al Colloredo:

... Ho gratiosamente inteso come qualmente in conformità d'un mio clementissimo biglietto Voi abbiate presa valorosa risolutione per difesa d'ambedue le Città di Praga, e quest'anco dimostrata in fatti si che mediante il vostro singolarissimo et non mai interrotto valore, non solo habbiate conservate ambe le Città, ma che parimenti il nemico, non ostante ogni suo sforzo possibile, et ultimo tentativo con perdita considerabile, senza adempimento de'suoi disegni, sia stato necessitato a ritirarsi...

Ancor oggi un'iscrizione sul ponte Carlo ricorda l'eroismo dei soldati di Colloredo e dei praghesi:

SISTE VIATOR, SED LUBENS, AC VOLENS UBI SISTERE DEBUIT, SED COACTUS GOTHORUM, AC VANDALORUM FUROR [11]

Causa determinante della pace di Westfalia (1648) che chiude questa lunga guerra, non fu la volontà degli eserciti rivali di Germania di imporre una decisione militare, ché tale volontà non esiste - essendo la guerra un'occupazione assai vantaggiosa, - ma piuttosto il buon senso e l'umanità della regina Cristina di Svezia, la stanchezza della Spagna, e l'impazienza di un congresso, costretto da tre anni in due noiose Cittàdine della

Westfalia (Münster e Osnabrück) e ansioso di concludere un tedioso e complicato lavoro.
Ma soldati svedesi, francesi e imperiali esercitarono sino alla fine il loro mestiere con lo stesso gusto. La lotta e il saccheggio eran per loro come l'aria che si respira; e se i diplomatici non fossero giunti a un accordo, scossi finalmente dal loro torpore dalla pace separata tra Spagna e Paesi Bassi nel gennaio del 1648, Wrangel e Konigsmark, Condé e Turenne, Colloredo e Piccolomini avrebbero continuato a combattere finché non fosse giunta l'ora di cedere le armi a una nuova generazione di formidabili capitani.
Sopravvenuta la pace ed effettuato lo sgombero degli occupanti, egli rimane con il prestigio di aver salvato la sua patria d'adozione dai luterani di Cristina di Svezia.
Ormai residente a Praga come viceré, era considerato una sorta di leggenda vivente, tanto che malgrado la tarda età l'imperatore continuava a mantenerlo come governatore, sebbene con funzioni ormai solo onorifiche. La pace sembra aver svuotato totalmente di energie il vecchio Feldmaresciallo, ormai senza lo stimolo alla lotta che ne aveva caratterizzata l'attività durante l'assedio. Rodolfo è perseguitato dai dolori causati dalle vecchie ferite vive tra il castello di Opočno, dove trascura sempre di più la caccia prima praticata con tanta passione, e il palazzo di via Kàrlova a Praga, i cui lavori terminano nel 1656, pochi mesi prima della morte del Colloredo, dove lo scalone d'onore è progettato per permettergli di raggiungere i propri appartamenti senza scendere da cavallo, perché un Maresciallo anche se dolorante deve sempre montare a cavallo, e non farsi trasportare in portantina!
Un duro colpo è la notizia della morte gloriosa del nipote Giovanni Battista, ucciso dai turchi a Candia, dov'era generalissimo e governatore veneziano, giunta nel 1649. Nipote assai benvoluto da Rodolfo, che lo aveva nominato colonnello del proprio reggimento, e che lo aveva avuto al fianco a Lützen.
Il vecchio governatore e viceré di Boemia lascia il compito di ricostruire la città devastata della guerra al burgravio Maximilian Valentin Martinić, *intelligente, applicato, capace, dotto, virtuoso* come lo definisce il diplomatico veneto Girolamo Giustiniani; quanto al Colloredo, ormai è poco più del monumento a sé stesso, appesantito nel fisico ed annoiato dall'amministrazione dei propri beni e nei rapporti con la famiglia, desiderosa di ereditare gli ingenti beni del viceré. E' in quest'occasione che si scorge il lato umano del Maresciallo, l'affetto per il nipote che gli è stato al fianco durante l'assedio, figlio di un cugino col quale ha condiviso l'infanzia di paggio di cappa alla corte rudolfina, e, soprattutto, il bisogno di avere a fianco qualcuno del proprio sangue, come se in Nicolò vedesse il figlio che l'abito di Malta gli ha negato per sempre, tanto da invitarlo a lasciare l'Italia ed a trasferirsi in Boemia. Nel 1651 Nicolò di Colloredo è di nuovo a Praga:

...Mi portai a Praga dove arrivato ad un'Hosteria non molto distante dal Pallazzo del S.r Maresciale questo benignissimo Sig.re sentito il mio arrivo mandò subito il suo Magior Domo a levarmi con una carrozza a sei cavalli (...) Appena arrivato mi fece dire, che ero capitato in tempo, che andava divisando di far il suo testamento, me lo fece portar in Camera, vole sentire il mio parere, vole che lo consigliassi con un Jure Consulto, e lo regolò in alcuni punti, che a me parve di raccordarli per beneficio della propria sua Casa, et havendo risolto di beneficiar noi fratelli [Nicolò e Fabio] *in difetto del proprio Nepote, mi fece benignamente dire dal suo Secretario che io mi espressi se volevo esser nominato prima del S.r Marchese Fabio mio fratello maggiore, e volsi che lui prima fosse nominato, come si vede nel Testamento et essendomi trattenuto seco et in Casa con 2 servitori per 6 mesi e più mi licentiai con tanta tenerezza d'affetto che se a me venero le lacrime lui restò con gli occhi tutti rossi mi disse queste precise parole* [:] *Caro fratello sbrigatevi delli vostri affari in Italia, e venite a star qua con me* [12].

E così nel 1654 Rodolfo nomina i fratelli marchesi Fabio e Niccolò di Colloredo suoi procuratori per tutti gli affari concernenti Castiglione delle Stiviere, Solferino, Guidizzolo e Medole, e chissà se richiamare alla mente questi feudi del mantovano gli avrà rammentato gli anni eroici e feroci della sua giovinezza e della presa di Mantova!
Rodolfo di Colloredo si spegne all'inizio del 1657, il 27 gennaio, venendo sepolto nella *Malteserkirche* di Praga, Kostel Panny Marie pod řetězem (Santa Maria sotto la Catena), la chiesa dell'Ordine di Malta, avvolto nel mantello nero dell'Ordine, il bastone da Maresciallo e la spada al fianco.
Con lui si conclude per sempre l'epoca della Praga d'oro, quella di Rodolfo II e degli alchimisti, di Keplero, di Ticho Brahe e di John Dee, finita negli incendi delle guerre di religione.

Nell'Ottocento venne eretta sulla sua tomba una statua in memoria del difensore della Praga asburgica, quasi un monito al nascente irredentismo ceco.
L'epigrafe ricorda:

HIER RUHT RUDOLF GRAF COLLOREDO
K.K. FELDMARSCHALL UND MALTHESERORDER GROSSPRIOR
Vertheididiger der Alt und Neusstad Prags gegen die Schweden
Geb. Am 2 Nov. 1585
Gest. Am 27 Jan. 1657.

Qui giace Rodolfo Conte di Colloredo,
Imperial- Regio Maresciallo di Campo e Gran Priore dell'Ordine di Malta,
Difensore delle Città Vecchia e Nuova di Praga dagli svedesi
Nato il 2 novembre 1585
Morto il 27 gennaio 1657.

▲ Statua di Rodolfo di Colloredo sulla sua tomba nella chiesa di S. Maria sotto la Catena a Praga.

[1] Dall'*Urbario* di Federico di Colloredo, cit. in G. C. Custoza, *Colloredo. Una famiglia e un castello nella storia europea*, Udine 2003, p.207.

[2] Non a Budweiss- (České Budějovice) come scrive il *Dizionario Biografico degli Italiani*, s.v. *Colloredo, Rodolfo*.

[3] Cameriere di Ferdinando I, maggiordomo di Massimiliano II, venne inviato come ambasciatore imperiale in Inghilterra, alla corte di Elisabetta I: G. Braida, *Un Colloredo in Inghilterra*, in *Mem. stor. forogiuliesi*, X [1914], pp. 70-73

[4] Cit. in *Fontes rerum Polonicarum...*, s. 2, I, Venetiis 1892-1902, p. 223.

[5] I signori di Wallsee erano stati una delle più potenti famiglie sveve. Nel X secolo Albano (Albone) di Heiligenberg era sceso in Italia con Ottone il Grande. Pochi anni dopo i figli Liabordo ed Enrico di Wallsee scenderanno a loro volta in Italia con Corrado II il Salico. Enrico tornerà a Wallsee, mentre Liabordo si stabilirà nel feudo di Mels, prendendo il titolo di Wallsee- Mels. Nel 1302 il patriarca di Aquileia Ottobono de' Razzi autorizza Wilhelm (Guglielmo) di Wallsee, signore di Venzone e visconte di Mels, a costruire una *domus* a Colloredo, forse sul luogo del castello di Albano. I suoi figli assumeranno il titolo di conti di Colloredo. All'estinzione della casa di Wallsee con Raimperto IV nel 1483, il titolo passerà, come detto, ai Colloredo: del resto lo stemma è rimasto il medesimo, di nero alla fascia d'argento (l'unica differenza era nel cimiero: un' aquila ad ali spiegate nei colori della casata per i Wallsee, un'ala d'aquila -in araldica semivolo- con gli stessi colori per i Colloredo), che dal XVII secolo sarà caricato con l'aquila imperiale bicipite coronata. Nel 1716 ai Colloredo del ramo dei marchesi di Santa Sofia sarà concesso uno stemma che inquarta le armi dei Walsee e dei conti di Heiligenberg, caricato dallo stemma dei conti di Colloredo e sormontato dai relativi cimieri.

[6] *Iura baronis habet* si ricorderà in R. Coronini di Cronberg, *Fastorum Goritiensium liber I...*, Viennae 1772, p. 26.

[7] *Lettere ai protestanti*, a cura di M. D. Busnelli, II, Bari 1931, p. 62

[8] Rodolfo prova un certo disprezzo per i *mercadanti* veneziani, tanto più che queste parti dell'Istria, come Duino e Fiume, la stessa Moschenizze, erano stati feudi e possedimenti dei signori di Wallsee di cui egli è l'erede.

[9] La descrizione della battaglia è stata adattata da quella presente sul sito http://alaguerre.luridoteca.net/material/sce33lut.pdf

[10] Giungendo non solo ad averne due contemporaneamente, caso rarissimo e di altissimo onore, come avviene nella guerra dei Sette Anni (Carlo ed Antonio), ma addirittura tre durante le guerre napoleoniche:i fratelli Johann, Joseph- ministro della guerra austriaco dal 1809 al 1814 e creatore dell'esercito che sconfiggerà Napoleone- e Wenzel, anche lui ministro della guerra durante la Restaurazione. I tre erano nipoti dei due già citati Feldmarescialli di Maria Teresa, e zii del Feldmaresciallo Hieronymus, che sconfisse i francesi a Kulm nel 1813, quando era ancora *Feldzugmeister* .

[11] Custoza, *Colloredo*, cit., pp. 211-212.

[12] Tutti i brani di Nicolò di Colloredo in *ibid.*, pp. 211-212.

▲ Nicolò di Colloredo si trovò coinvolto nell'assedio svedese di Praga e combatté come aiutante di campo del Feldmaresciallo Rodolfo di Colloredo, che lo nominò nel 1651 erede universale insieme al fratello, marchese Fabio.

▲ Formazioni di moschettieri, picchieri e cavalleria erano la tattica principale della guerra dei 30 anni

APPENDICE 1. TRA L'AQUILA E IL LEONE: GIOVANNI BATTISTA DI COLLOREDO (1609- 1649)

Merita di essere qui trattata, sebbene velocemente, la figura del nipote di Rodolfo, Giovanni Battista II di Colloredo, il quale si distinse sui campi di battaglia di Beitenfield e Lützen prima, e poi al servizio della Serenissima Repubblica di Venezia.

Giovanni Battista II era figlio di Orazio (1578-1648) - un Colloredo della linea di Bernardo, a sua volta figlio di Curzio (1531-1612), che diverrà nel 1624 conte del Sacro Romano Impero e nel 1648 barone di Waldsee - e di Lucia, figlia del conte Ermes di Porcia (a sua volta figlio di Ascanio, da non confondere con l'omonimo figlio di Antonio), e nipote di quel Giovanni Battista I, colonnello di Carlo V che era stato assassinato a Venezia dai Savorgnan in un'imboscata sul Canal Grande.

Giovanni Battista di Colloredo nacque a Colloredo di Monte Albano presso Udine, nel castello di famiglia (la massiccia costruzione che, venute meno le originarie funzioni difensive, è destinata, nel corso del Seicento, a ingentilirsi e ad arricchirsi di pacifici dettagli), il 10 febbraio 1609; ed ebbe, al fonte battesimale, per padrino il luogotenente del Friuli Bernardino Belegno.

Nobiltà prestigiosa quella del giovane Colloredo, ma anche famiglia numerosa e dispendiosa. Giovanni Battista è, infatti, il terzo di nove fratelli: hanno visto la luce prima di lui Caterina (1606-1633), che andrà sposa a Maurizio di Strassoldo, e Claudia (1607-1678) che, accasata ad un Colloredo del ramo di Vicardo, Fabio, marchese di Santa Sofia, sarà madre, tra l'altro, del cardinale Leandro; nascono dopo di lui Camillo (1612-1685), che sarà al servizio della casa d'Este, ambasciatore alla corte di Versailles e maestro di camera nella corte medicea; Curzio (1619-1662), che militerà negli eserciti cesarei; Francesca, Maddalena, Ermes, il futuro poeta, ed infine Vittoria.

È opportuno, pertanto, che il Colloredo provveda al più presto a se' stesso. Appena sedicenne non si lascia, perciò, sfuggire l'occasione d'impiego militare offertagli dalla guerra dei Trent'anni. Per il giovane conte essa è invito all'avventura, speranza di gloria, prospettiva di carriera e di guadagno. Fiducioso, inoltre, nell'appoggio autorevole di Rodolfo di Colloredo appartenente al ramo primogenito di Asquino, Giovanni Battista si arruola nell'esercito imperiale, appena terminati gli studi all'ateneo di Bologna.

La decisione dell'adolescente si rivela ponderata, ché la premiano i risultati. Il sedicenne Giovanni Battista riceve la nomina a capitano di contingenti di cavalleria e fanteria, quindi, una volta fattesi le ossa sul campo, presta servizio per sette anni, in qualità di tenente colonnello al comando dei reggimento boemo di cui Rodolfo di Colloredo è colonnello proprietario; si distingue per ardire e, nel contempo, acquista una notevole esperienza.

Di particolare rilievo il suo comportamento a Breitenfeld, dove, il 17 settembre 1631, gli Svedesi comandati da Gustavo Adolfo battono duramente le truppe imperiali veterane del conte Tilly: alla testa di quattrocento uomini scelti del reggimento *Colloredo* il ventiduenne Giovanni Battista riesce, momentaneamente, a rompere lo schieramento nemico e solo perché non adeguatamente appoggiato lo sfondamento non ha un effetto decisivo. Isolato, anzi, solo a fatica riesce a liberarsi.

Così Giovanni Battista di Crollalanza descrive la sua partecipazione alla giornata nel monumentale studio sulle *Memorie storico genealogiche della stirpe Waldsee- Mels* (Pisa 1875):

Assunto il comando di certa fanteria scelta, egli ebbe la missione di attaccar primo il nemico, e si diportò in questo fatto così valorosamente che gli riuscì di sconfiggere un numero doppiamente maggiore di nemici; ma sopraffatto da questi, e senza essere soccorso, per ben due volte fu fatto prigioniero, e per due volte si liberò.

Favorevolmente impressionato dall'ardore combattivo del giovane colonnello friulano, l'arciduca Leopoldo lo pone, in premio, a capo del proprio reggimento, alla guida del quale il Colloredo fornisce ulteriori prove di perizia e coraggio con il grado di *Obrist*, Colonnello comandante.

A Lützen, il 16 novembre 1632, il reggimento di Giovanni Battista, posto al centro dello schieramento imperiale- comandato dal *Wachtmeister* Rodolfo di Colloredo- è al centro degli scontri più feroci, e tra l'una e le due del pomeriggio i picchieri del colonnello Colloredo infrangono l'assalto delle due brigate della

Guardia del sovrano scandinavo: Le guardie dei Wasa sono in assoluto i migliori soldati della guerra dei Trent'anni, veterani delle campagne contro polacchi, bavaresi e imperiali, folli di rabbia per la morte del loro amatissimo condottiero. Duemilatrecentotrentuno svedesi investono il fronte tenuto dai settecento uomini del Colloredo, ma il loro impeto si spezza contro i quadrati dei picchieri imperiali; lo stesso Giovanni Battista viene ferito durante il feroce contrattacco nel quale strappa al nemico la bandiera della Brigata Gialla, la bandiera personale (*Leibfahne*) di Gustavo Adolfo, il cui puntale d'argento con la corona reale circondata dalla scritta GUSTAVUS ADOLPHUS, Giovanni Battista porterà nel nativo castello di Colloredo come trofeo, dove rimarrà per oltre tre secoli, fino al terremoto del 1976.

Successivamente Giovanni Battista combatte ancora in Boemia, in Moravia ed in Austria contro Torstensson, e viene promosso *Generalwachtmeister*. Ma, col venir meno del conflitto,

▲ Ritratto di Giovanni Battista Colloredo

svaniscono, per il generale Colloredo, le possibilità di maggiori avanzamenti di carriera, e preferisce, al più tardi all'inizio del 1648, ritornare a Colloredo, richiamato e trattenuto pure dalla *urgenza di aggiustar alcuni negozi famigliari* complicatisi specie *dopo la morte*, sopraggiunta in quel torno di tempo, del padre Orazio.

Così Ciro di Pers - suo cugino, figlio di Ginevra di Colloredo, una sorella del padre di Giovanni Battista - informa il patrizio veneziano Alvise Molin al quale fa soprattutto presente come al di là dell'esigenza di curare i propri interessi, abbia animato il Colloredo al rientro la più *risoluta disposizione* di servire la Repubblica, *suo principe naturale*, nella congiuntura gravissima della lotta per la difesa di Candia, assalita dalle truppe del sultano Ibrahim I *il Folle*.

Ed è il Molin stesso a caldeggiare l'assunzione del Colloredo sotto le insegne venete, anche se, prima di lui, il 18 gennaio, l'ambasciatore Nicolò Sagredo aveva scritto da Praga che tra i molti capi licenziatisi v'è, appunto il Colloredo *soggetto molto stimato valoroso... et atto a reggere l'infanteria in particolare*.

Prontamente accolta la raccomandazione, il Senato, il 13 marzo 1648, prende atto della *grande essistimatione* dovuta al Colloredo per le *segnallate prove* di valore da lui rese nel corso della sua ultraventennale partecipazione ai *sanguinosi conflitti... della Germania*; e delibera *però* che *sia condotto ai servitii* della Serenissima

Per anni cinque di fermo e doi di rispetto... con stipendio" di 4.000 duc*ati annui, dovendo... servire dove e come... sarà* a lui com*andato.*

Fissata, pel momento, la ragguardevole retribuzione, i compiti sono ancora da precisare. In proposito il Consiglio dei Pregadi è piuttosto oscillante: dapprima, il 9 maggio, lo destina all'*ubbidienza* del provveditor generale alle tre isole, *con patente di commandare a tutte le militie, officiali, capi da guerra e stipendiati*; quindi, il 30 giugno, ritorna sulla decisione, sottoponendolo direttamente al provveditore generale di Terraferma, sempre - dato che si tratta di *soggetto qualificato per nascita e... valore* - con diritto al *commando et... precedenza... sopra tutte le militie, capi da guerra et governatori*.

Ma nemmeno questa volta la destinazione è definitiva: il Colloredo, *personaggio nostro*, delibera il Senato il 12 dicembre, venga *chiamato di Terraferma* e

Spedito all'obbedienza del capitano general nostro da Mar con carica di general del stato nel quale doverà comandare a tutte le militie e cappi da guerra e trattenersi a beneplacito dello stesso Pregadi.

Haverà - precisa ulteriormente la *parte* - *il loco doppo quei capi che intervengono con voto deliberativo nella consulta. L'istesso s'intend'anco occorrendo lo sbarco nel regno di Candia, dove pure sarà sottoposto al governator general dell'armi del regno predetto. Partirà con le prime navi che saranno alla vella per ritrovarsi quanto prima al loco del bisogno.*

E, a rafforzamento e prestigio della sua autorità, il Senato gli assegna *dodici lanze spezzate* come guardia e due *aggiutanti*.

Giovanni Battista di Colloredo è *Generale dello sbarco in armata*, come insistono posteriori delibere senatorie. Ma sino al marzo del 1649 non risulta - senza sua colpa, ad ogni modo - partito, per quanto il capitano generale da Mar Alvise Mocenigo ne solleciti l'arrivo. "*Più presto*" raggiungerà la sede, scrive il 28 al Senato questi, meglio sarà. Finalmente, l'8 maggio, il provveditore generale a Candia Antonio Lippomano annuncia che le *4 navi espedite* da Venezia sono approdate *alla Standia*, il sei maggio, *con la persona* del Colloredo, il quale, il sette, è stato *ricevuto* con unanime soddisfazione.

È appagato il desiderio di tutti che

...le armi di questa piazza siino dirette da soggetto prudente, d'intelligenza e valore.

Purtroppo il denaro che Giovanni Battista reca da Venezia è - rispetto all'accumularsi dei debiti e all'aumento vertiginoso delle spese - *summa... insensibile*; quanto, poi, alle quattro compagnie di fanti *da mar* con lui sbarcate, solo una è di *buona gente*, mentre le altre danno poco affidamento, composte come sono di *ragazzi* male in arnese, arruolati di fretta tra *scapoli* ed *arsenalotti*.

Ciò non toglie che la presenza del Colloredo rinvigorisca la difesa: non appena insediato nelle sue funzioni, *serve come governator generale dell'armi* attesta Mocenigo, il suo impegno è assiduo, generoso, competente.

Del resto è un generale ben più esperto dei veneziani, un veterano delle guerre di Germania, abituato alla guerra da quand'era ancora adolescente. Dopo gli svedesi a Breitenfeld ed Lützen ora è pronto ad affrontare con la medesima determinazione i giannizzeri e i *sipahis* del *Padishah*.

Dedica particolare attenzione alle fortificazioni; s'adopera, con motivate argomentazioni, perché venga, anzitutto, privilegiata la difesa della capitale. Non dovrebbe, a suo avviso, essere lesinato alcun sforzo; tutto il denaro andrebbe utilizzato per questa; su questa andrebbero concentrati quasi tutti gli effettivi disponibili a costo di sguarnire la flotta. Le truppe, fa presente, bisogna *levarle dall'armata*; per salvare la città va corso anche il rischio di disarmare tutte le galere per poterne utilizzare le bocche da fuoco.

In effetti i Turchi, agevolati dal continuo afflusso di "gente" dalla Canea, esasperano i loro assalti, tentano di superare, via via, le *fortificationi esteriori*.

A luglio Colloredo lancia una grande sortita di truppe di cavalleria e fanteria, che escono contemporaneamente da tre porte della Canea, piombano sugli ottomani e occupano le prime due linee d'assedio, e solo l'arrivo in massa delle truppe turche evita la caduta nelle mani venete della terza. I veneziani di Colloredo si scontrano coi Giannizzeri, le truppe scelte ottomane, alla cui testa è l'*aga Ali Beg, assai stimato per la sua bravura*, che cade ucciso. I veneziani ripiegano dopo aver devastato le linee nemice ed inferto perdite nettamente superiori alla proprie.

E, alla fine d'agosto, i genieri del *Gran Signore* infittiscono, a loro volta, le opere fortificatorie per contrapporle a quelle venete. Sono giunti - così una lettera, dell'8 settembre, di Mocenigo - *a certa eminenza* ed hanno iniziato a *piantar gabbioni per colocarci il loro canone*.

Il Colloredo progetta una replica a fondo: far scattare *una ben concertata sortita* non solo per infliggere perdite al nemico, ma anche per obbligarlo ad *accorer in grosso numero a quella parte, facendo poi volar un... fornello... carico... verso quel sito*. Piano parzialmente realizzato.

Seguì - così sempre la lettera di Mocenigo - *la sortita... con tutte le regole più appropriate et migliori. Et si diportorno i nostri con tanto coraggio che, fuggiti et malmenati i turchi nelle stesse loro linee e trinciere, ne causorono loro un duro colpo, accresciuto* dal concomitante fuoco dell'artiglieria scatenato *dalle mura et dalle fortificationi esteriori più vicine*.

Dopo di che si svolse, ordinatamente, la ritirata, non accompagnata però dalla simultanea devastazione nelle file ottomane provocata dalla deflagrazione del *fornello*; questo, infatti, esplose, ma senza investire il *luoco del bisogno*.

▲ Palazzo Colloredo a Praga, residenza di Rodolfo di Colloredo, oggi sede dell'ambasciata USA

A dire il vero Colloredo l'aveva previsto e perciò avrebbe preferito sospendere *l'ordine di farlo volare* [esplodere].

Non ha tregua, in settembre e all'inizio d'ottobre, l'*attacco molestissimo* della piazza; vigorosa la presenza del Colloredo nelle varie *fattioni*. Ma lo preoccupa il dispendio di forze: mentre l'avversario non ha difficoltà a rimpiazzare le perdite (peraltro ben più numerose), si assottiglia, invece, il numero dei difensori. Perciò il Colloredo tenta d'escogitare, assieme agli ingegneri, un sistema di smantellamento delle postazioni ottomane al coperto, tale da evitare il logorio quotidiano delle *piccole fattioni* che mette a repentaglio troppe vite.

Purtroppo, la piazza assediata non può valersi a lungo della sua lungimiranza.

Il 13 ottobre muore colto da una moschettata durante un giro di ispezione, mentre osservava un'incursione degli stradioti croati ed albanesi che guidati dai loro capi Raicovich, Colonsa ed Imota, che si scontrano con i turchi, come informa Lippomano.

Trovandosi sul baluardo Betlemme - ragguaglia più diffusamente Mocenigo - *ad una di quelle canoniere, giunse di lontano da una delle linee turchesche balla fattale di moschettata nemica che, colpitolo nel ventre e trapassatele le viscere, lo constitul in puoche hore in stato di render lo spirito a Dio, come seguì, con tutte le rassegnationi di christiana pietà.*

Morì - aggiunge lo storico contemporaneo Brusoni - *con tratti e sentimenti più da religioso che da soldato.*

Trasportato nel suo palazzo, assistito nell'atroce agonia dal vicario episcopale, dopo aver nominata sua erede la madre Lucia, volle lasciare *quantità di danaro alle chiese e monasteri* della città, donando, altresì, *tutta la sua argenteria* perché fosse distribuita ai poveri. Solenni le esequie, col concorso di *tutta la cittadinanza.*

Ho deplorato la perdita quanto conviensi - assicura Mocenigo - *et ogni honorevole rimostranza ho fatto che sia usata ne' suoi funerali a riconoscimento di merito di sua degna memoria".*
Un omaggio non di circostanza. Era uomo di *poche parole* e di *molta applicatione,* l'elogia un altro storico del tempo, Valier.

Fra le altre lodi che gli diede il volgo - concorda Brusoni -*... fu che parlasse poco, operasse molto.*

Ulteriore merito che lo rendeva grato alla popolazione il fatto che

… Mai capitasse cosa alcuna, nella sua casa che non fosse stata anticipatamente pagata.

Uno scrupolo evidentemente raro e, pertanto, prezioso se Brusoni si sente in dovere di sottolinearlo.
Giovanni Battista di Colloredo sarà ricordato dal fratello Ermes anni dopo, con questi versi in friulano, che non crediamo necessitino di traduzione:

> *Lu sa la Fiandre cu la basse Olande,*
> *Lu Svedès, lu Todesc pur trop lu sàn,*
> *Che vidut a plovè dal bon Furlan*
> *Han lu sanc glorios par ogni bande.*
>
> *Deh! raviòditi omai, su al gran acquist,*
> *Su su, si eclissi omai l'arme Otomane*
> *A l'arme, a l'arme a plui podè ti clame*
> *La patrie, l'onor to, l'onor di Crist.*

▲ stemma di Rodolfo di Colloredo nel castello di Opocno

▲ ▼ Due vedute coeve di Mantova, opere rispettivamente di Braun e M.Merian.

APPENDICE 2. LA DISCESA DEGLI IMPERIALI A MANTOVA

esare Cantù nel suo La Lombardia nel secolo XVII, ragionamenti, *pubblicato a Milano 1854 dà un'immagine assai viva della calata delle truppe imperiali- quelle che Manzoni chiama* lanzichenecchi*- dirette all'assedio di Mantova attraverso le lettere del letterato Bodoni, lo stesso che svenne a colloquio con Rodolfo di Colloredo e che ricevette da questi, a propria protezione, una guardia tedesca.*

Diamo un passo indietro prima d'abbandonare quella guerra di Mantova, che tanto male, nessun bene portò all'Italia. Le cresciute gravezze, gl'interrotti negozj, il rilassamento delle discipline utili alla quiete [1], le tolte di ogni maniera, sono effetti consueti: ma che eccedendo in quel sistema di cose, portavano l'ultimo della rovina. Ce ne assicura un nostro governatore scrivendo come *le necessità nelle quali si trova non solamente questa R. Camera, ma tutto lo Stato per la guerra difensiva necessariamente continuata più di trent'anni, per una parte hanno obbligato la Maestà del Re N. S. a rimetter qua li migliori d'altri suoi regni* [2]*, e vender il meglio di queste sue reali rendite; e per l'altra ridotti questi suoi fedelissimi vassalli all'esterminio che portano seco gli alloggiamenti di tanti eserciti di diverse nazioni, ed i continui accidenti così antieduti come impensati, con alcune provincie confinanti totalmente distrutte e annichilate:* compassionevoli parole, delle quali non aspettereste certo che la conclusione fosse una novella imposta [3].

Qui già vedete annunziato quel che era il peggior flagello delle guerre d'allora, l'indisciplina degli eserciti. Composti della feccia delle nazioni, animati da niun altro sentimento che dall'avarizia e dalla libidine, ricalcitranti agli ordini di non men tristi capitani, da che cominciarono a calpestare questa Italia, la recarono a strazio tale, che non è colpa loro se ancora può dirsi bella. Altri narrerà i loro guasti in altri tempi e luoghi, noi ci limitiamo alla povera Lombardia d'allora.

Come è d'un governo militare, ove i capitani cercano speculare sulle lacrime de' popoli, malgrado la lunga pace, le terre del Milanese erano in gran parte fortificate. Oltre il castello di Milano, Pavia aveva 8 baluardi, 3 piattaforme, 14 mezzelune, e l'antico castello; Cremona il castello, 5 baluardi, 9 mezzelune ed altre opere esterne presso al Po; Como, con mura e torri antiche, e ricettino e mezzelune nuove; Novara con 10 baluardi, 11 mezzelune, fosse e strade coperte; Tortona con un recinto antico, e un secondo di terra con 6 baluardi e strada coperta, e sul monte il castello con 5 baluardi. Lodi, oltre la mura e il castello antico, aveva 8 baluardi di terra e 5 mezzelune. Alessandria una buona Cittàdella con 15 mezzelune; un ponte sul fiume, simile a quel di Pavia, la congiungeva al borgo ben fortificato. La rôcca di Vigevano fu demolita nel 1647. Erano pure piazze di guerra Sabbioneta, Pizzighettone sull'Adda, Gera rimpetto a questo, il Forte di Fuentes all'imboccatura della Valtellina, Arona sul Lago Maggiore, governata dal primogenito di casa Borromeo; Valenza sul Po, Mortara fra l'Agogna e il Terdoppio; il Finale aveva tre robusti castelli; altri Lecco, Trezzo, Serravalle, Domodossola, Abbiategrasso. La guarnigione Spagnuola in questi e in altri forti minori saliva a 30,000 uomini.

Non avendo S. E. il governatore Leganes *desiderato mai cosa che la quiete e sollevamento delli vassalli di questo Stato, che tanto lo meritano per la loro fedeltà e divotione al servizio di S. M., e mostrando l'esperienza che la principal rovina che sentono dipende dalli eccessi e rapacità d'alcuni soldati mal disciplinati, dalle cui male attioni risalta, non solamente discredito a quelli che si contengono nell'osservanza delli ordini, ma inconvenienti, danni e molti delitti gravi ed enormi; e che la maggior parte dei disordini procedono dal mal esempio, negligenza, toleranza, dissimulazione de' capitani* [4], diede fuori un bando severissimo. Ma inefficace, poiché egli stesso, dieci mesi dipoi, ne discorre di *doglianze che da tante le parti dello Stato ogni giorno gli vengono fatte* [5]; e i suoi successori replicano tratto tratto la formola stessa, a provarci in che conto si dovessero tenere le milizie d'allora.

Figuratevi or voi qual dovette essere lo spavento degli Italiani quando intesero che l'imperatore avea determinato di mandar un grosso esercito all'impresa di Mantova. Combattevasi allora in Germania la famosa guerra di religione, condotta dai principi alemanni, che, colla riforma di Lutero aveano abbracciato più liberi pensamenti politici, contro l'imperatore capo de' cattolici e de' governi stretti. Guerra detta poi *de' trent'anni*, nella quale si segnalarono specialmente Gustavo Adolfo re di Svezia, che menò i suoi religionarj di vittoria in vittoria finchè cadde nei campi di Lützen; e Alberto di Waldstein [6] boemo, generale di ventura a servigio dell' impero; il quale a capo d'un esercito che manteneva a furia di latrocinii [7], represse i nemici, ruinò gli amici, e diede tant'ombra all'imperatore suo padrone, che questi giudicò prudente di farlo trucidare. Questo eroe « rifiuto ed esecrazione del genere umano », fidato nelle stelle che gli aveano preconizzato immensa grandezza, guerreggiava allora sulle rive del Baltico, assediando Stralsunda, che aveva giurato espugnare « quand'anche fosse incatenata al cielo, o dall' inferno circondata di mura di diamante ». Ma quando l'imperatore, che, non avendo danari, il pagava di titoli e promesse, credette opportuno il momento per restaurare di qua dai monti la scaduta autorità imperiale, promise al Waldstein la marca di Treviso e il titolo di duca di Verona; ond'egli affrettò la pace, e corse a versar su di noi poveri innocenti il nembo che da tre anni devastava i non meno innocenti abitanti della Germania.

I più veterani e valenti, cioè i più ladri e crudeli di quell'esercito schiumò l'imperatore; gli accolse a Lindò: e quando i novellisti aspettavano fosse per traboccarli addosso alla Francia sua naturale nemica, come allora caritatevolmente si diceva, li voltò pei Grigioni e per la Valtellina verso l'Italia. Trentasei migliaja di soldati di quello stampo, preceduti dalla peggior fama, già si vedeva che porrebbero il colmo ai guai del paese, desolato dalle piccole guerre, dalla carestia, dai folli provvedimenti [8]. Aggiungasi che, per l'immondezza, continua durava fra le truppe la peste: venivano poi da Lindò, scala generale delle merci che passavano in Italia dall'Alemagna, *dove per il più dell'anno sono molte città e luoghi infetti di morbo contagioso*[9]. Fu dunque ogni studio dei Milanesi in impedir la marcia di quell'esercito, che in tanto spandendosi per la Valtellina, già miserabile per le note sue guerre di religione, ne faceano quello sperpero che peggiore si potesse da nemici arrabbiati aspettare. E poichè non vi trovavano più di che satollare la fame e l'avarizia, chiedevano imperiosamente pane ed oro al Milanese; e n' ebbero 10,000 scudi e 100 sacchi di frumento [10]. Gli ambasciatori intanto andavano compaginando protocolli di accomodamento, il che però non faceva che prolungare questo stato incerto, nè in fine schivò il gran male. Poichè l'imperatore, messo al bando il Mantovano, comandò ai soldati che, attraverso la Lombardia, corressero sopra Mantova. Dal Manzoni intendeste di che spavento fossero percossi gli abitanti intorno al lago di Como: il quale come fosse vero ve ne convinca il sentirlo ripetere da uno che lo provò. Questi è Sigismondo Boldoni, giovane sui 30 anni, professore di Pavia, che stava a Bellano, paese sulla riva orientale del Lario già famoso per un orrido stupendo, ed ora per le gallerie aperte colà presso sulla nuova strada militare. Ivi sopraggiunto da quella tempesta, ai suoi amici scriveva in latino quel ch'io vi traggo in vulgare [11].

SIGISMONDO BOLDONI
A ROBERTO CARDINALE UBALDINO

Venezia.
Bellano, 10 settembre 1629.
Ben cred'io che tutti i miei impresi lavori siano per andare al malanno. Come potrebbero rider le Muse qui dove tutto intorno il paese arde d'incendio di guerra? Mentr'io ti scriveva queste cose, gli abitatori del Lario sono in faccenda a spogliar le case delle masserizie, cacciare gli armenti sulle alture, e portar via ogni ben di Dio per timore dei Tedeschi che d'ora in ora s'aspettano, e che, per somma nostra sventura e per castigo del Cielo, passano di qui per involger l'Italia (già misera per battaglie, fame, rapine. povertà, uccisioni) in guerre novelle, che ai dì nostri non finiranno. Già mandarono a sacco Colico [12] prima terra del Milanese sul confine grigione, e senza permissione de' capi: così oprano gli amici. Altrettanto temiamo noi, dovendo tante truppe passare per campi e per paesi nostri. Che se a ciò pensi, non solo non m'accuserai se così male scrivo, ma ti parrà anche troppa la mia sicurezza, se cento volte fra lo scrivere accorsi alla finestra; se si dice che già sono addosso; se dovunque si fermano, splendono i fuochi. Non v'è Elicona cui questa rabbia perdoni. M'ero rifugito al Lario per eccitare più dolcemente le già stanche Muse nella placida fragranza della villa, lieta di fonti, di laureti, di cascatelle, del prospetto d'un ampissimo lago che le lambisce il piè. Ma qui invece squilla la tromba: di qui si comincia la calamità, che muterà tristamente faccia all'Italia: perchè certo da qualunque parte trabocchi la bilancia, andrà ogni cosa in precipizio. Ma zitto che

Lo strepito di Marte
Viene a turbar questa secreta parte.

▲ Soldati imperiali del periodo 1618-1648.

Certo io sento i tamburi: a buon conto ho qui presta nel lago una gondola, per potere, se cominciano ad ingiuriare, sottrarmi al pericolo. Addio.

AD ANTONIO QUARENGO,
Roma.
Bellano, 10 settembre 1629.
... Ma ahimè! ti par egli tempo di celie? or che per questo paese dov'io villeggio denno passare 40,000 Tedeschi, a cui mal prenda, alle voci de' quali, non le Muse solo, ma fin gli uccelli annidati sugli ertissimi scogli fuggono spaventati? Ah! quest'angolo della terra sarà principio dell'italica sventura? Nè muterà volto un paese nato alle delizie col versarvisi sopra questo torrente, raccolto da deserti strani? Ma non voglio cominciar tragedie; onde sta bene.

A G. B. FISIRAGA,
Lodi.
Sellaio, 15 settembre 1629.
Vivo ancora, Fisiraga mio, ancora scrivo mentre tutto il paese è guasto, tutte le case saccheggiate, tutti i campi calpesti: nulla santo, nulla sicuro. Senza comando dello Spinola, tre reggimenti di Tedeschi, due di pedoni, uno di cavalli, gettato un ponte sull'Adda, saccheggiarono di loro testa Colico. Ivi comandati di fermarsi finchè si destinasse il cammino, di repente piombarono sul nostro paese. E in un batter d'occhio tutto è a sacco. Io, sbarrate le porte, per non incontrare la sorte comune, ottenni che il segretario del principe di Brandeburg (guida egli questo reggimento alloggiasse la notte in casa mia. Ma si voleva altro a frenare la rabbia di que' rapacissimi. Onde essendo tornato il *terzo* italiano [13], che prima qui stanziava, ed erasi testè recato a Como alla rivista, impetrai che sei di loro facessero sentinella alla casa mia. Nessuna notte passai quieta, nessun dì senza batticuore. Ogni campo è devastato con rabbia ostile, ogni casa rubata, gli

abitanti bastonati, nelle magioni non c'è più un segno di vasi, di travi, di tini, di imposte: tutto bruciato, tutto sporcato: un tanfo nelle vie nelle piazze, nelle stanze, tetro e pari alla costoro bestialità [14]: sperperate del tutto la vendemmia; alcune case nelle campagne bruciate, tutte le barche trattenute dal partire. Io però nella notte, per la porta posteriore che volge a Carato (avverti che il lago è gonfio e mi arriva in casa, cred'io per molestare e vendicar le ingiurie de' Tedeschi ubbriaconi) fuggii in battello con due donne, qualche arnese, e i versi che ora ho per la mano; e tragittato a Bellagio, ivi ai cappuccini [15] consegnai le carte suggellate, con sopra scrittovi: « Se male avvenga a Sigismondo Boldoni, prego Ottavio Cattaneo a consegnar questi scritti e questo danaro di sua mano a G. B. Fisiraga. Tal è l'ultima mia volontà ». Poi di notte a gran travaglio tornai, reggendo io la barca contro il vento avverso. Questo terzo ora partì, ed ogni casa è piena del pianto dei miserabili. Altri verranno, di me che fia nol so: ma rimango perchè non mi mettano a fuoco la casa. Se vorrà Dio ch'io ne campi, sarò, come fui sempre, tuo: se altrimenti la fortuna stabilirà, ti prego in nome dell'amicizia, che morto ancora tu mi voglia un pò del tuo bene, e serbi presso te le mie scritture, e ne faccia quel che parrà a uomini dotti. Addio.

A DOMENICO MOLINO,
Venezia,
Bellano, 16 settembre 1629.

Non v'è angolo omai in Italia dove non sia giunte il suono di nostre calamità. Pure l'animo non è ancora così fuori di sè, che io non possa gettar giù questa lettera comunque ella sia, fra il pianto dei miseri, le grida e le ruberie de' minacciosi, il batter de' tamburi. T'avevo scritta appena l'ultima mia, quando tre reggimenti di Tedeschi, che doveano andar di filato in Valsassina, senza comando dello Spinola, anzi contro sua voglia, ci arrivarono addosso: e a vedere e non vedere devastati i campi e l'unico frutto di questi monti, la vendemmia, rapita ai voti dei miseri abitanti, cui restava quest'ultima speranza dopo la lunga fame, dopo sì atroci vessazioni di grandissimi eserciti, le biade tagliate, recisi gli alberi, incendiate le case e le cascine. Nel paese stesso ove abitano da settanta famiglie, stivossi tutto questo brulicame. Non che cibo, a pena trovavasi posto per tanti cavalli: onde prima cinquanta cavalieri, poi una legione di pedoni fu mandata altrove. Ma una intera qui stette sei giorni, e chi potrà con parole uguagliare la ruina, le battiture, i dolori?

Ben se' crudele se tu non ti duoli ... .
E se non piangi di che pianger suoli

Nelle case non si lasciò un abito, non un vase: le robe di legno bruciate, le travi e i tini della vendemmia con egual furore incendiati: e in pagamento busse, ferite, stupri. Che di peggio farebbe il nemico in una presa città? Quest'è la scena di nostre sofferenze. Io, senza mai chiuder occhio, di nascosto trafugai al furore di costoro i lavori di tanti anni miei. Perciocchè il Lario (forse commosso da' suoi danni) essendo ingrossato più diversamente che mai ed entratomi in casae lo tragittai per trovar luogo sicuro: e la notte stessa, io remigante e timoniere, con infinita fatica, prima che se n'accorgessero, tornai. Così questo seno, caro alle Muse, alla quiete, a dolcissimo ozio, ora al mondo spettacolo di barbara crudeltà. Finalmente questo terzo, guidato dal marchese di Brandeburg, vassene sui confini dei Bergamaschi: altri ne verranno peggiori, perchè mai non si rasciughi il pianto: Ma non posso più, e il rombazzo de' tamburi mi sturba dallo scrivere. Tu compiangi che la luterana rabbia si diffonda sull'Italia a porte spalancate. Addio.

A SCIPIONE COBELLUCCIO
CARDINALE AMPLISSIMO,
Roma.
Bollano, 25 settembre 1629.

A te che piangi la presente calamità d'Italia, e presagisci l'imminente, narrerò in che pericoli io fui, se pur tra il pubblico lutto può trovar ascolto il dolore privato. Già sette legioni tra a piedi ed a cavallo erano passate, saccheggiando tutti i paesi, devastando i campi, menando via gli armenti e le greggi ; quando sopra gli stanchi e disperati arrivò il reggimento Furstemberg. Gli altri aveano occupato le case a loro distribuite: questi con impeto e violenza chiesero l'alloggio; e in men ch'io nol dica furono rotte le porte. Io, salvo.

fin allora d'ogni danno fuor la paura, m'ero rinchiuso: bastante riparo fin a quel dì. Ma in un subito cento moschettieri che prima non erano potuti entrare in niuna casa, fanno impeto con leve e scuri contro la porta di dietro: stanghe e sbarre non ressero ai barbari. Per la porta che dà sulla piazza (non so come libera da quella peste) svignò un ragazzo a chiamar in ajuto gli Italiani qui stanziati. Vennero alcuni, ma benchè asserissero quello esser l'alloggio loro, non desisteva quella canaglia di arietare le porte. E già erano scassinate, ed io m'era disposto a che che volesse la fortuna, quando un colonnello italiano, avvisato da' suoi, corre al generale tedesco, si lamenta, protesta che in quella casa si conserva la bandiera sua, che si viola con questo affronto la real maestà. Credette colui, e mandò ai furibondi che cessassero, appunto quando a grande schiamazzo e minacce mettevano a basso le porte. Che ti pare, cardinale reverendissimo or che faranno in paese nemico? Se vivesse Platone che con tanta cura istruiva i suoi custodi, e volle tenessero della natura del cane, non si maraviglierebbe del vedere « in veste di pastor lupi rapaci »? Ma a che buone le querele? Questa rabbia non si finirà che colla morte e l'idrofobia. Perchè anche contro voi aguzzan i denti. Ma deh come siam miseri noi, che possiamo temer anche i nemici, mentre tali amici proviamo! E ben ebb'io onde presagir qualche gran male, allorchè il luogotenente del reggimento Merode entratomi in casa, avendo veduto un cespuglio di alloro verde e chiomante, e colle nere sue coccole « O tu (mi chiese) che albero è codesto? e che frutti porta? » Veh l'uomo barbaro! neppure conosce l'alloro. Povere Muse! poveri versi! qual ruina vi prepara questa genia, che non distingue tampoco l'albero vostro glorioso! Così deplorai la barbarie di colui, che per sopra più osava dire ciò in italiano, cioè in una lingua umana; e sinistramente pronosticai delle cose mie. Pure sopporterei di buon cuore, se non ne prevedessi la ruina e il guasto di tutta Italia. Questo io stimai di scriverti fra tanto mio privato e pubblico dolore, mentre tutta la sponda del lago di Como da Sammolaco a Bellano, e la Valsassina che internasi da Bellano a Lecco, son mandate a rapina e stragi, e vanno a sacco 40 miglia d'un paese amenissimo e nato alle Muse, e questo per mano d'amici e di truppe ausiliari. Sta bene.

A G. B. FISIRAGA,
Lodi.
Bellano, 24 settembre 1629.

Ah Fisiraga mio! credeva appena di più rivederti; appena sfuggii dalle male branche di uomini micidiali. Già contaminati dalla devastazione e dal sangue di tutta Germania, or vogliono lacerar l'Italia, non so se dica coll'armi o coll'unghie loro. Non consenta il cielo che la più brutta sozzura del genere umano sovverta la sede d'ogni civiltà. Io scampato fin ad oggi, a poco stette che non soccombessi all'arrivare dei soldati di Furstemberg. — Non ti fanno spiritare questi nomi da casa del diavolo, e spiranti stitica asprezza? Chiuse attentamente le porte, cento moschettieri, che neppur tanti potea capirne la casa, assalirono la porta posteriore. Io l'avea ben bene sprangata, ma che sprangare contro quei barbari assalitori? Per la porta di fronte che mette sulla piazza mandai a chiamar gli Italiani: accorsero, eppure non giovarono: tanto ne è forsennata la rabbia. Sebbene protestassero esser quello il lor alloggiamento, già cadeano le porte, quando accorse un colonnello che li frenò. Così io dal pericolo campai, murai le porte, e mi provvidi per l'avvenire. E tu, dolcissimo mio, vola qui, te ne prego, a confortar quest'uomo mezzo morto per tanti terrori. Già più soldati non s'aspettano: vieni dunque, ec.

ALLO STESSO,
Lodi.
Bellano, 26 settembre 1629.

Tu mi scrivi dal letto: io pur dal letto, con man tremante ti rispondo: te le fatiche di corpo, me prostrarono gli affanni dello spirito, parte perchè ogni tuo bene e male lo sento anch'io; parte perchè sommamente mi accuorano i presenti pericoli e la paura delle squadre tedesche. Già ti scrissi a che gran punto fui. Poscia venuto qui **Colloredo**, generale d'un altro reggimento, e postomi a discorrere con lui di storia, degli antichi costumi e confini de' Germani, di repente svenni, e per mezz'ora perdetti i sensi, con gran dolore di quello. Finalmente rinvenni. Ora mi lima una febbriciattola lenta e coperta: nè altro a mente mi corre che la memoria ed il desiderio di te. Passarono di qui i pedoni di Merode, i cavalli del principe di Hannalt: poi i fanti del

marchese di Brandeburg, che per sei giorni rubarono questo paesello: poi da 400 cavalieri di Montecuccoli, indi quei di Ferrari, poi la fanteria di Acerboni che qui alloggiò: indi Altringen pel ciglione del monte guidò un corpo pienissimo e fiorentissimo di 4000 pedoni. Successero quei di Furstenberg che più d'altri ci afflissero, poi la cavalleria del principe di Sassonia, forse 800: jer l'altro l'infanteria di **Colloredo**, quest'jeri il corpo di Waldstein, col luogotenente invece del principe. S'aspettano ancora due reggimenti di cavalli, tre di fanti. Dapprima io aveva in casa una scolta d'Italiani: ora **Colloredo** e il luogotenente Waldstein mi diedero una guardia tedesca. Possano far altrettanto anche i seguenti! Quasi tutte le donne corsero in casa mia, che ci pare il serraglio. Tu, Fisiraga mio, fa di tornar sano, caccia codesto languore, nè lasciar che ti peggiorino le mie cattive notizie: appena rinsanicato vola a me: che fra due o al più tre dì questa procella sarà ita, ec.
cdcdcd

Fin qui il Boldoni. E non meno fosca è la pittura che ne fa il Tadini. *La strage, dic'egli* [16] *che fu fatta nella Valsassina non è da dirsi: non avendo mai visto soldatesca così indomita.* Pel ponte di Lecco ruppero poi su quel giardino di Lombardia la mia Brianza, *con tanta avidità ed ingordigia, che arrecorno scandalo grandissimo e biasmo, tanta più per essere alcuni macchiati d'eresia. E dove lasciamo le miserie della Ghiaradadda? ove fieramente si portarno principalmente in Caravaggio.* Gli ufficiali residenti nella Brianza insegnavano loro le terre più pingui, e teneano mano ai ladronecci; del che si chiese rimedio a don Gonzalo, senza però ottenerlo *per essere dato esso alla retiratezza et solitudine* [17]. Bravo governatore!

Ci rimane, in cattiva copia, il ricorso latino che lo Stato di Milano sporgeva al re cattolico contro l'esercito del 1629; e che esibiamo tradotto alla meglio.

« Potentissimo re! Le voci lamentose dei sudditi milanesi volgonsi a V. M. giacchè ai mali estremi della provincia niente più avanza che d'invocare gli estremi rimedj della divina e della reale provvidenza. Di tanti oggetti e di tante spese militari e in sì ingente quantità, d'ordine dell'eccellentissimo luogotenente di V. M. fino a questo giorno crebbe a segno l'esigenza, che ben ventisei mila lire giornaliere da questo angustissimo ambito di dominio non bastino alle sole paghe e altre sei mila circa pretendonsi dall'impresario degli alloggi. Alle quali somme se aggiungansi le spese prodotte dalla stessa impossibilità di esigere gli ingenti camerali tributi, le grandi usure pei debiti contratti, le quali dalle città e dalle provincie giornalmente si erogano, vedrassi manifesto da qual colpo abbattute irreparabilmente giacciano le ultime sostanze dei sudditi. Sì gran somma di spese da ciò principalmente deriva, che sia cresciuto immensamente, quasi sotto titolo di private mercedi, quanto proviene dalle ultime sostanze dei sudditi; la miglior parte ottengasi dagli ufficiali a loro comodo e lusso, dal che vien posto in gravissimo pericolo il grande oggetto della patria difesa.

Aggiungasi, che, quell'aumento di paghe di cui godevano al tempo della guerra passata gli officiali, luogotenenti e i capitani quando alla loro condotta davansi più migliaja di uomini, si volle continuarlo, benchè a sì larghi stipendi non si corrispondano ora la fatica e l'industria del reggere e comandare quelle truppe che non hanno punto.

Aggiungasi che, mentre le compagnie dei soldati sono distribuite su tutte le provincie, in questa sola parte del dominio estorcono quanto di alimenti, di foraggi, di sostanze e di suppellettili rimane ai sudditi, e rendonla inabile per l'avvenire a sostenere i pesi, e non ostante per l'istesso numero di compagnie si esigono ugualmente que' militari stipendj che per altrui assegnansi a titolo di alimenti; dal che vedesi manifesto duplicato l'aggravio a pregiudizio de' sudditi.

Aggiungasi quanto v'ha di inaudito da un secolo nello Stato di Milano, cioè che, contro tutti i diritti e tutte le leggi, è costretto provvedere ogni cosa a' soldati anche fuori delle loro stazioni, fuori dei confini, onde veggonsi inesorabili esattori tutto quanto sottoporre a pegno a danno dei poveri sudditi.

Dappoichè ebbe principio la guerra odierna, consunti e dissipati trenta milioni e più di lire, alla regia camera e alle sostanze de' popoli ormai non rimane alcun frutto rurale e industriale, che, cangiati i titoli, non ricada sotto iterati tributi, e nessun tributo si leva, il cui prodotto da inutile e quasi anticipata profusione consunto, non vada disperso.

Trattasi non solo della distruzione delle sostanze de' sudditi, ma di quella benanche, dell'esercito o dei popoli stessi, ed è perciò che l'estrema loro afflizione esige dalla M. V. estreme provvidenze.

Distrutti o dati a pegno quasi tutti gli effetti di questo regio erario, i quali, come in via di contratto per la regia protezione e per la difesa, non da auree miniere, ma cavansi dalle viscere de' sudditi, dovrà in perpetuo continuarsi il pagamento degli ingenti camerali tributi, e nulla rimarrà a sperare da essi onde in avenire provvedere alla comune difesa.

Alienate già le pubbliche sostanze; gravate di immenso debito le città e le provincie, annichilata la fede dei contratti, non resta ormai se non che le città e le provincie stesse, sforzinsi indarno a trovare altri sovventori. Ciò attestano i tanti ricorsi umilmente fatti giungere ai supremi consigli della M. V. in Madrid; tante supliche presentate all'eccellentissimo luogotenente di V. M., gli incredibili sacrificj fin qui subiti dai vostri fedelissimi sudditi, ai quali niente si è lasciato d'intatto, e niente da impedire il loro fatale prossimo eccidio.

Ma ben lungi che tante lamentele e tante supliche recassero alcuna diminuzione, freno agli abusi, che introdotti aveano le calamità d'una pace di ben trent'anni come avrebbe pur voluto l'estrema istantanea necessità, vennero irreparabilmente e in immenso estesi nella presente occasione di guerra; e mentre altrove erano le guerre state preparatorie di pace, qui la stessa pace indusse quella pessima condizione della guerra presente nella quale duriamo.

In questo esercito della M. V. contasi maggior numero di ufficiali, sergenti e capitani che di soldati; sebbene questi dicansi ventidue mila, e se ne paghino gli stipendj, pure, come è notorio, essere avvenuto per lo passato, i soldati non vi saranno all'occasione di dover combattere per la pubblica sicurtà.

Diggià cedono prostrate e consunte le forze dei privati, tanto sono eccessivi i pesi che giornalmente loro sovrapongonsi. I rustici abbandonano i campi ai Cittadini, e lottano colla rabiosa fame in più luoghi. Tace assiderato il commercio, e con esso manca interamente alla plebe l'alimento: aspirano ad arti vili e meccaniche tante nobili ora conquise famiglie. Gemono nei sacrarj delle vergini tante nobili donzelle, che la sola indigenza dei parenti, non già divina ispirazione, costrinse a richiudere. Riclamano finalmente a Dio i poveri defunti per tanti suffragi ora sospesi, la fede sacrosanta dei testamenti violata, e tante pie disposizioni ineseguite.

Trattasi della somma delle cose, trattasi nientemeno che di conservare sotto il clementissimo dominio di V. M., o di perdere la fedelissima milanese dizione » .

Così i popoli scontavano i delirj dei capi, senza avere nè cosa nè speranza buona. Fino ai 3 d'ottobre durò quel passaggio, e ogni terra ond'erano passati *si lagnava insieme e compativasi le reciproche calamità: ma nell'intimo ciascuno stava nel sentimento d'aspettare maggior rovina*: la peste.

---

[1] « È tanta la frequenza delle violenze, frodi, insidie ed altri eccessi che giornalmente si commettono in diverse parti di questo Stato in pregiudizio del servigio di S. M. e della quiete dei suoi buoni e fedeli vassalli, e per il più da persone incognite e straniere che con la licenza che suole introdurre la guerra entrano liberamente in esso, ecc. » Grida 9 novembre 1641.

[2] Grida 19 dicembre 1646.

[3] Per gli stessi motivi *El Rey*, con ordine del 23 luglio 1645, dà autorità al governatore Toledo di *vendere, impegnare, distrarre* ogni rendita ed effetto della M. S., infeudare terre, ecc. attesa *la debolezza del suo real patrimonio*.

[4] Grida 4 marzo 1637.

[5] Grida 22 dicembre 1637.

[6] Così egli firmavasi; col che potremmo sciogliere i dubbj del podestà di Lecco.

[7] Secondo lo Schiller *(Dreizigjahriges Krieg)* Waldstein col suo esercito in sette anni trasse da metà della Germania sessanta mila milioni di talleri.

[8] Nani conta quei soldati per 35,000; Muratori per 22,000 fanti e 5500 cavalli; Tadini, che numera ogni reggimento, li somma a 7,156 cavalli, 28,800 fanti, al qual numero s'accosta pure il Ripamonti.

[9] Tadini, *Ragguaglio dell'origine, ecc.*, pag. 13.

[10] Tadini, 16. I Valtellinesi diedero 50,550 lire al solo marchese Corrada perchè sollecitasse un pò la sua andata.

[11] Il Boldoni scrisse in latino la descrizione del Lario, lettere e versi, e in italiano un'epopea: *La caduta dei Longobardi;* ma quando *col fil della vita del poeta da le Parche parcamente ordita già si parallelava il filo della poetica tessitura del suo poema, recise Cloto crudele col filo della vita quello ancor del poema, e furono più veloci l'ali della morte a sopraggiungere, che quelle di Pegaso a sottrarsene*. Così suo fratello nella prefazione d'esso poema (Milano 1656). In fatto restituitosi da Bellano a Pavia, un sartore infetto gli portò un abito che gli attaccò la peste, di cui morì il 3 luglio 1650.

[12] Fin 52 anni più tardi, fu rappresentato al duca d'Ossuna « lo miserabile stato in cui si trova la terra di Colico, che ... per gli estremi danni patiti nelle guerre passate, transiti, scorrerie di eserciti nemici, devastazioni e saccheggi, è ridotta a totale esterminio ... sendo rimasi in quel territorio da 40 in 50 uomini in tutto, e quelli non essendo sufficienti per lavorare i terreni, rimangono quelli per la maggior parte incolti ed abbandonati, ecc. ecc. » Prima di quel fatto il Tadini scriveva: *Colico, la qual terra è la delizia del lago di Como*. Pag. 18.

[13] Il terzo era l'unità strategica dei Tedeschi, disposti in grossi quadrati pieni.

[14] Quasi due mesi appresso, il Tadini, visitando que' luoghi scriveva che *si sentivano fetori insopportabili per la quantitá dei cavalli e dei soldati morti*.

[15] I cappuccini sedeano su quel promontorio, il più delizioso ch'io conosca in Lombardia senza eccettuare il Sirmione; ivi ora sorge il palazzo Serbelloni: anticamente era una villa di Plinio: e il Parini vi compose molta parte del suo *Giorno*.

[16] pag. 8.

[17] id, pag. 22.

▲ La battaglia di Lutter Am Barenberg che vide la disfatta del re di Danimarca venuto in soccorso dei protestanti tedeschi.

APPENDICE 3. ORDINE DI BATTAGLIA IMPERIALE, 1632

Comandante in capo: *Albrecht Wentzel Eusebius von Wallenstein, duca di Friedland*

Fanteria : *Reichsgraf Rudolf von und zu Colloredo Mels und Wallsee, Heinreich Holke Edeler Herr von Rawenholdt*

Alt Brewner (13 compagnie)
Alt Sachsen (10 compagnie)
Chiesa (10 compagnie)
Teuffenpach (10 compagnie)
Rudolf Colloredo (Alt-Colloredo) (16 compagnie)
Dohna (15 compagnie)
Mannsfeld (5 compagnie)
Beckh (10 compagnie)
Baden (6 compagnie)
Paar (10 compagnie)
Suys (10 compagnie)
Pollard-Moriami (10 compagnie)
Grana (4 compagnie)
Fernemondt (6 compagnie)
Wangler (10 compagnie)
Mohr von Waldt (10 compagnie)
Contreras (5 compagnie)
Savelli (10 compagnie)
Bertholdt Waldstein (10 compagnie)
Maximillianus Waldstein (14 compagnie)
Philipp Frederich Brewner (10 compagnie)
Jung-Brewner (10 compagnie)
Traun (10 compagnie)

Artiglieria: *Freiherr Hanns Filipp von Brewner*
6 Kartaunen
9 Quarterschlangen
2 300pdr Mörschner (mortai?)
2 150pdr Mörschner (mortai?)
2 100pdr Mörschner (mortai?)
3 30pdr Mörschner (mortai?)
2 cannoni leggeri per reggimento

Cavalleria: *Freiherr Hanns Ulrich von Schaffgotsch auf Kynast*
Haracour (10 compagnie)
Strozzi (10 compagnie)
Luigi Gonzaga (5 compagnie)
Enrico Gonzaga (6 compagnie)
Desfour (5 compagnie)
Alt-Tertzka (4 compagnie)
Neu-Tertzka (10 compagnie)
Braedow (9 compagnie)
Gotschütz (10 compagnie)
Lamboy (10 compagnie)
Löhe (10 compagnie)
Hasenburg (10 compagnie)
Toscana (10 compagnie)

Aldobrandini (10 compagnie)
Hieronymus Colloredo (Jung-Colloredo) (10 compagnie)
Piccolomini (7 compagnie)
Sparre (10 compagnie)
Benninghausen (6 compagnie)
Loyers (16 compagnie)
Haagen (10 compagnie)
Drost (5 compagnie)
Dragoni di Merode (5 compagnie)

Croati. *Freiherr Ludwig Johan Hector von Isolano*

Losy (10 compagnie)
Orss vel Horatius (10 compagnie)
Isolano (20 compagnie)
Corpus (10 compagnie)
Forgatsch (10 compagnie)
Dornburg (10 compagnie)
Beygott (10 compagnie)

(Da *Documenta Bohemica Bellum Tricennale Illustrantia, Der schwedische Krieg und Wallensteins Ende, Quellen zur Geschichte der Kreigsereignisse der Jahre 1630-1635*, Wien,1977)

▲ Relazione del XVII secolo sull'assedio di Praga

APPENDICE 4. *RELATIONE DELL'ATTACCO ET ASSEDIO DI CITTÀ' NOVA DI PRAGA, ET VECHIA FATTO DAL CONTE PALATINO L'ANNO 1648,* DI PADRE FLORIO CREMOMA

Dopo la sorpresa del Clanzait di Praga fata dal Chinismarch [*Hans Christoph von Königsmark*] per opra d'un tristo il cui nome non merita memoria [*Ernst Odowalsky, già nell'Armata di Boemia e passato agli svedesi*] habea il Vitenberg General dell'Artiglieria nemica [*Arved Wittemberg*] attacato le altre parti di essa il giorno 2 di Agosto quando acorgendosi che 1473 [colpi] che contro alla Città fulminò, non gli avevano servito ad altro che a diminuir la munitione, et a perdere il tempo senza speranza d'acquisto, si risolse il giorno seguente di passar nell'alba di là della Molda[va], et marcciar con 10 pezzi, e sue genti alla volta di Tabor, la qual città per assalto nel termine di 12 giorni fu da lui vinta e doppo haverla ben guarnita se ne ritornò ad acamparsi in questi contorni havendo mandato parte delle sue truppe a sachegiar Taicembrot , Cremau , Tani, Nhaihaus, Brandais et Chonopist, presidiando questi 3 ultimi castelli per essere passi importanti al trafico di Boemia, in questo mentre partitisi di qua ll Marescial Conte di Puechaim per andare a Budvai per accudir a' nostri interesi fu fatto dal medemo Vitenberg prigione con circa 350 cavalli che secco erano di convoglio, et altri officiali et cavaglieri. In tale stato erano le cose di Bohemia quando il giorno 4 de Otobre giunse il Conte Palatino con più di 3500 combatenti, dove fu ricevuto nel Clainzait con duplicate salve di 80 pezzi di cannone e moschetteria come principe, et eletto Generalissimo della corona di Svecia, dimorò l'A.S. una note sola nella Città non volendo alogiare nelli appartamenti Imperiali, dal Chinismarck praparatigli, anzi sgridò il medemo per l'ardire d'averli habitati, così rinovate le salve uscì dal Castello il giorno seguente et unendo le sue alle squadre del Chinismarck, et Vitenberg passò il fiume con 10000 combatenti e venne a formarsi un real assedio, e attacò, prendendo il primo posto con la colina della forca, che per essere sopra murata a guisa d'un picciol castello, et assai eminente, era molto avantagioso, potendo da quello tirare con l'artiglieria allungi delle strade, della Città, e cosa d' altri posti distribuite le batterie, comincio a tirare con alcuni pezzi levando la corona della muraglia, ed atterrando le tori, et insieme ad approciare verso noi quasi scopertamente da tre parti, et cio, perché impedimento aliuno ricevere non poteva, mentre eramo privi di canone; levateci le di fese, spianti i parapetti, e senza cavalleria da poter con le sortite et tiri disturbarli gli effetti; in questo tempo atendevamo a far tagliate fra il muro della Città, et un picciolo de' giardinij, apprendo un fosso fra l'uno e l'atro sei piedi profundo, et altre tanto largo, non soffrendo la poca distanza de' muri, et il debile fundamento di quelli; maggior largheza, e profundita, aggiungendo a questi, nel loco incontro alle batterie, 20 passi lontano, del acen nato muro de' giardinij, una trinciera di cassioni pieni di terra con fosso, e palisate avante con qualche anze conforme alla commodita del sito e delle habitationi al intorno. Mentre questo si faceva havendo riguardo alla pocca cavalleria, che quivi era, il signor **Conte Rodolfo da Colloredo** Maresciale di campo con la solita sua prudenza inanimò gli cavaglieri a radunarsi insieme a cavallo formando di loro un squadrone come fecero, et vedendo esser troppo grande il circuito della Città che gira almeno 5 miglia italiane, et vedendo di piu trovarnosi poca infanteria, perciò a nome di S.M.C. con letere ricercò il signor don Florio Cremona come delegato del Eminentissimo Cardinal d'Harrach accio' esortase li religiosi nel comun pericolo voler difender la Religion Catholica, la Patria, et loro stessi, alla qual requisitione non poté far dimeno sudetto signor don Florio che corispondere, così in persona prima e poi con letere invito tutti religiosi a voler in tanta necessita monstrarsi ben affeti alla Religione, a Cesare, et Patria, alli cui deti uscendo elli in persona fu seguito da Padri Giesuiti, Carmelitanj, Pavolinj, Serviti, et d'haltre Religioni con loro servitori et famigliari di casa, agiontarsi il Clero secola re quali tutti armati arivavamo al numero di circa 300, con edicatione del popopulo, il quale percio prese gran coraggio et ardire. Ma doppo che il nemico hebbe rotte le torri e levateci ogni difesa della muraglia, il giorno 13 nel levar del sole comincio a batter la Città con 30 mezi canoni divisi in cinque baterie, senza mai riposar sino al la sera e con tanta furia che 5 di quelli creporono e posta l'armata in bataglia inviò un tamburo verso le breccie, che erano eguali alla terra, e di l'omona largeza, la dimanda di quello non si sa, perché prima proponesse li fu risposto con moschetate, e discacciato, et mentre noi tra vagliavamo a rifar tagliate perché la violenza del canone haveva rotto le gia fate, che fu dal **Mareschial Colloredo** e don Inocente Conti Sergente General di bataglia col miglior ingreso della Soldatesca, Religiosi et Borgesi, aspetato al ruino del muro, ma venendo quivi li

Svedesi, et trovando un gran fuoco di legni con pece e paglia che da improviso fu acceso, corsero con la maggior furia versa la Porta chiamata de' cavalli e l'altra detta della Forcha, dove dalla prima furono valorosamente ributa ti ma al'altra, trovando la meza luna fracassata da 30 granati grandi inimiche cadute attorno del parapeto et altre nel fosso, disfecero le palisate, et a questa disaventura aggiundosi che la gente nostra, posta per guardia della contrascarpa, ritirandosi doppo haver dato fuoco ad una mina con qualche danno dell'inimico, non serò la porta della sortita, onde il nemico non solo per il forte, ma per la porta medesima, mischiato con li nostri entro et se impadron del posto, e non potendo piu questi resistere alla moltitudine, si avanzorno gli nemico sino alla por ta, quali, impatronitissi dell'alto di una cassa che serava la meta di quella, gia tiravano con le moschetate den tra alla Città quando il Sergente General Conti, che era verso al combatimento, vedendo quantità di moschetterj nemici con la miccia da due capi accesa far forza per en trare, fece salir un oficial sopra una torre de essa porta con una bote di polvere, con ordine che sopra le inimiche miccie la piovese, come puntualmente eseguì, onde acendendosi tra quella torma di soldati se che moltissimo di loro rimasero miserabilmente abrugiati, onde da questo impauritj gli altri si ritirorono verso il balouardo, che hebbero campo li nostri soldati uniti con parte de' Religiosi mandati da sopradeto signor don Florio, sotto la condotta del su' tenente, del decano di Brandais, Retor de Giesuiti, et Prior de Carmelitanj, di raquistar la porta benché·e con qualche perdita di gente, la quale fu chiusa con travi, sassi, et tutto quello che veniva in quel tem po alle manj, percio il nemico non abandonò quella note la meza luna ma nel far del giorno, essendo dalle torri batuto con granate da mano, et archobuggiate li conve ne fugire negli proprij approchi, havendo perso, como da priggioni s'entese, circa 600 huominj, et feriti como noi ancor noi 50 morti et 100 feriti. Quindi i Generali fecero di dentro la Città fortichar la porta con un meza luna al rovescio fabrichata di cassoni terra pienati e ra doppiar la cassa a bota di canone con parapeto per poter star supra alla difesa, alcunj giorni doppo tento il nemico di bruggiar e la porta e la cassa, ma li fu impedito benché con gran fatica, in questo mentre corse anco su la torre a man dritta della detta porta, impatronendosi della somita, ma quella era gia riempita di legna, paglia et pece, et accendendosi il tutto necessito il nemico con molta perdita di abbandonarla. Doppo questo invio il Conte Palatino un suo trombeta per ricercar de accordo il soddeto General di Bataglia Conti, qual rispose toccar ciò al **marescial Colloredo**, onde il Palatino li 16 del su deto mando a richerchar 2 Cavaglieri de' nostri alfine di trattar con 2 de suo la conventione, andorno gli nostri per cortesia e per tener a bada il nemico et essendoli pro posto ogni pato di guerra per la sera, risposero che trattar alcuna acordo non potevano senza licenza di S.M.C., ho del Conte Schlick diretore del regno, ma instando li man dati di loro nella prima proposta e gli nostri altro non respondendo che il deto, riportorno dagli medemi che a S.A. non manchavano mezi per domarci, il medesimo giorno arrivo il nemico senza impedimento sino alla muraglia et in puochi giorni getto a terra con scalpelli et artiglieria piu di 500 passi di muro misurati (brechia veramente non piu veduta nelle guerre di Germania) et in questo mentre non cessava, como dal primo giorno comincio, de batere con il canone le strade della Città, tirar con 5 mortari bombe, sassi, et pale infochate, con granate di mano, per levar nostra gente dalla ritirata, e questo in tanta copia che sembrava tal volta cader dal'aria un diluvio di fuo co mischiato con foltissima grandine di sassi, noi altrestiravamo, con mano granate e sassi, ma con poco proto, stando li Svedesi, asicurati dalli approcci et fossi, coperti, ma vedendo l'inimico esser noi resoluti di difenderci penso con mine sbigotire l'animo de' Borghesi, gente per ancho non consueta alla militia, onde travagliorno sotto terra molti forneli, 14 de' quali ne incontratimo e 6 riusiteli, il giorno 25 di otobre 2 hore havanti (li quali in ogni occasione si son portati valarosamente) et gran rui na di muraglia ispionata sino le fundamenti, di modo che fossimo necessitati ad abbandonare tutte le tagliate tra li 2 muri e gran parte de' picciolj muri de' giardinj, haverebbe questo terrore (mentre pareva che tutta la Città ruinasse) fato volger in parte piu sicura il piede a' Cittadinj se gli oficiali, con dargli animo et esporsi i primi agli periculj, non li havessero rincorati a sustener con soldati, e Religiosi l'assalto, che subito da Svedesi fu corso generalmente con 4000 fanti, tenendo 2000 soldati a cavallo smontati di riserva, et doppo multo contrasto pianto 6 bandiere dentro la Città fra le due muraglie, che vi restorno per 4 hore ma, doppo havere per il spatio di 5 hore quelli tentato l'aquisto e questi difesa la Città, furono sforzati l'inimici di ritirarsi con perdita di 1000 huominj morti et feriti et s'alloggiorno nella breccia, che per esser tanto vasta non fue possibile impedirlialo, de' nostri morirono in questo fato da 100 huominj, e due tanti ne rimasero feriti, acrebbe questo successo ardire a' defensori e non poco lo sminui a' contrarij, li quali non cessarono pero di avanzare con le galerie tant'oltre che altro non ci divideva che il fosso e gli accenatti cassoni pieni di terra, e seguito a mirare per giungere soto li medemi, ma li fu contraminato di modo che riuscir non puoté il loro intento. Condussero per la breccia in questo tempo dentro alla Città 4 mezi canoni, et 2 piccioli servendosi del muro de' giardinj accomodatolo con lavori di legno per batteria, ma con difficolta tiravamo mentre la vicinanza delle tagliate rendeva i bombardieri malsecuri nel servir al canone, ma dalle batterie fatte nella muraglia della Città ricevevamo maggior danno come anco da molte opere di legno in forma di torri erette per dominar la nostra ritirata, tra le qualj da una edificata a 3 solari che per esser piu sublime maggiormente ci scopriva en la tempesta delle moschettate, che da quelle usciva, ci sforzava a chamminar chini et attacati al parapeto con gran pericolo, perché quello era basso, né ardivamo rialzarlo, per non renderci più soggetti al canone che non era 30 passi lontano. Di qui si prese aspediente di farvi dietro un altra ritirata assai resa forte da bonissimi

▲ Rodolfo di Colloredo nel ritratto fatto da Galeazzo Gualdo Priorato

anchi et nello stesso tempo ricercavamo le mine che dal nemico erano fate novamente sotto la prima trinciera. Ma il giorno 26 sudetto il Signor Conte Sclich con lettere assicura il **Marescial [Colloredo]** che sarebbe arrivato avanti la fine di ottobre un soccorso di 9000 combatenti sotto il commando del General del'Artiglieria Goltz [*Martin Maximilian von Goltz*] (benché ciò non seguisse non 3 giorni doppo la perdita del nemico) apporto que fea nuova tanta allegreza a tutti e particolarmente a' Cittàdinj, fati dall'esperienza arditi, che subito tra loro fecer passar parola che fosse dichiarato scelm il primo che parlasse d'arendersi. Il medemo giorno fuerono comandati 100 huominj ad abbrucciar li cassoni dove l'inimico haveva la bateria dentra la Città, il qual successo riuscì assai favorevole con l'adiuto del vento, che fomentava le amme, benché alcuni de' nostri rimasoro feriti. Il giorno 30 nel mezo giorno fece l'inimico volar un'altra mina dentro una meza luna delle nostri ritirate, che resto da una parte fracassata, rovesciando gran parte della picciol muraglia, con gran spavento di nostri, benché solo con la perdita di 3 huominj, corse in questo l'inimico al assalto, ma le prove passate credo lo fecero men furioso, che come referirono la perdita maggior di loro fu degli oficiali, che spingevano li soldati, che mal volantieri andavano alla morte, non poterono prender posto su la meza luna perché acortisi della mina i nostri, et non havendola potuta ritrovare, fecero nella detta meza luna una traversa della quale restorno sve desi non poco daneggiati, come ancor de' nostri molti patirono, pero stante la vicinanza de' siti che era qua si impossibile il non colpire, duro questo assalto poco piu d'una hora, quando l'inimico prendendo a sue spese piu sano consiglio, non si sa se da sé si ritrasse o piu tosto fosse violentato di fuggire dalla furia delle moschettate che sopra lui piombavano, in questo mentre mandò il Conte Palatino calorata da quest'assalto per un trombeta una lettera al **Marescial Colloredo**, il cui tenore era che S.A. sapeva molto bene che noi eravamo ridotti agli estremj, et che pero S.E. si disponesse ad una categoriga risolutione, et che protestava avanti Dio non haver colpa alcuna del sangue che era spargersi dentro la Città se la fortuna gli havesse concesso d'entrar dentro per assalto, et si guardassero all'hora tutti gia che non haverebbe dato quartiere ne ancho a figliuolo dentro il ventre della madre. La resposta fu breve, et per altro in voce, cioe che **S.E. Colloredo** era usito ad incontrar il soccorso e che, non essendovi il capo principale, alcuna resolutione dar non si poteva (questa fu inventione per modestamente schernire la troppo audace baldanza dell'inimico), quindi comincio l'istesso dubitare l'aquisto della Città et a benché continuasse il travagliarci con canoni, et cavar mine, lo faceva piu per tenere in speranza i suoi solda ti che perchè egli punto ne havesse, cos doppo che noi rincontrassimo altre 7 mine, rimanendo di tutti padroni, mantenendo il fosso de' cassoni, con tuto che l'inimico non fusse qui lontano che la longeza di una spada, alla ne

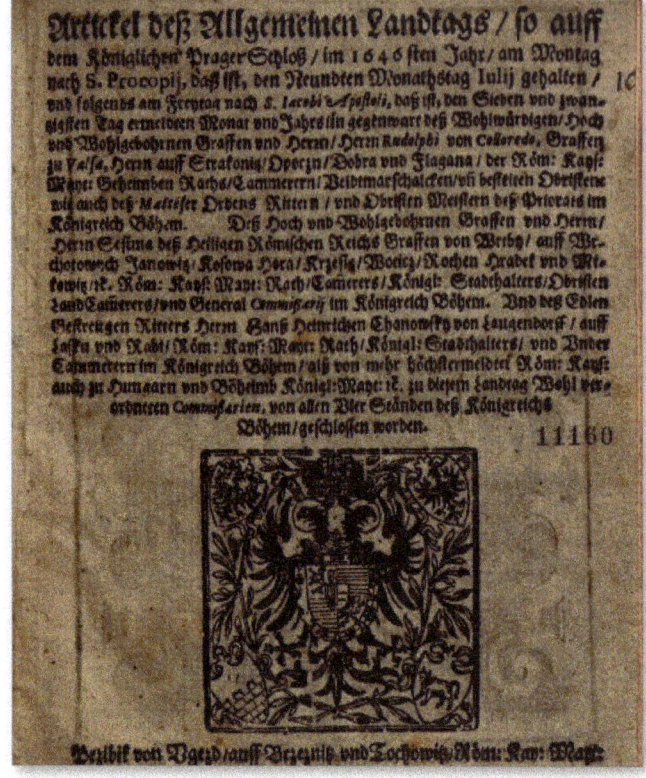

▲ Editto di Rodolfo di Colloredo come governatore di Praga, 1646

rintuzato l'orgoglio cominciò a ritirar li pezzi piu grossi et li mortari di la dal'aqua, ma con tanta diligenza, e silentio, ch'appena benché fosse di mezo giorno se ne acorgiessimo, l'ultimo del sopraddetto mese fecero li Svedesi un'hora avanti notte volar un'altra mina vicino a la deta porta della Forca, senza però dar ombra d'assalto né d'altra risolutione, così il 2 giorno di novembre havendo ridota tutta l'armata in bataglia nell'hora ch'e ra solito di mutar la guardia, che fu circa alle 22, havendo prima fato saltar un'altra mina quasi per licenza, toto il fumo di quella abandonorono con poco honore l'impresa, doppo haver sostenuto questa povera Città la furia di piu 17000 canonade l'dì, moltissime palle da fuoco, il dano de assassine bombe, il pretipitio de' inniti sassi, et la ruina di tante mine, sortirono subito molti de' nostri a demolir i loro approci et abbrugiarli i travagli piu vicinj, ritrovando 2 altri fornelli pieni di polvere, et quantità di granate da mano, si intese poi che l'inimico aspetava in bataglia coperto dalla montagna della Forca, credendosi una furiosa sortita, e così tutta la note dimoro mante nendo i primi posti, ma alla matina, poi che fu partito, continuassimo a ruinarli il rimanente de' suoi lavori, venero il medesimo giorni molti di loro a rendersi di pro pria volunta, o piutosto chaciati dal continuo disaggio, e dalla fame, da quelli s'intese come d'altre persone di credito, che l'inimico ha lasciato soto questa Città, nel termine di 29 giorni che vi e stato, vicino a 4000 fanti tra morti e feriti, come la chavalleria ha grandemente patito, non trovandosi piu per 6 leghe d'intorno Praga alcun foraggio, et noi habiamo perso, per quanto si vede dalle liste, 257 huominj morti et 456 feriti. Fu poscia cantata sopra la breccia una messa solene della Santissima Trinità dal sopradetto signor don Florio per rendi mento di gratie a S.D.M., che certo ha opperato piu con miracolo che con la nostra forza, si disse ancor una mesa da morto per l'anime di quegli ch'uniti con gli altri hano mantenuto la gia cadente Corona di Bohemia alla Casa di Austria.

(Rip. in "Un episodio che non ha cambiato il corso della storia. L'assedio di Praga del 1648 in due testimonianze inedite", a cura di Alessandro Catalano, *eSamizdat, Rivista di culture slave*, 2004 (II) 1, pp. 151-173)

CRONOLOGIA DELLA VITA DEL FELDMARESCIALLO RODOLFO DI COLLOREDO MELS E WALLSEE

1585, 2 novembre. Rodolfo di Colloredo nasce a Brandeis sull'Elba (odierna Brandys sul Labem) in Boemia, figlio del conte Lodovico di Colloredo e di Perla di Polcenigo, e viene tenuto a battesimo da Rodolfo II d'Asburgo da cui prende il nome.

1589, 19 marzo. Rodolfo II riconosce i Colloredo eredi della casa di Wallsee e dei titoli collegati.

1590 circa. Rodolfo è alla corte imperiale come paggio, poi scudiere e coppiere, destinato alla carriera diplomatica.

1608. Rodolfo è nella schiera di cavalieri parteggianti per l'imperatore Rodolfo II contrastato da Mattia d'Asburgo re d'Ungheria.. Rodolfo di Colloredo ha l'onore di reggere lo stendardo cesareo; in tale veste s'incontra più volte col fratello Cristoforo, latore di quello del secondo, ed entrambi concorrono ad appianare, momentaneamente, la tensione tra i due Asburgo.

1609, 25 novembre. Prima probabile missione diplomatica del Colloredo presso il duca di Savoia.

1611. Battesimo del fuoco. Comanda cinque compagnie di archibugieri nel ducato di Cleves. Con Rodolfo II combatte contro Mattia a Budweiss, a Tabor e Praga.

1612. Morte di Rodolfo II. Rodolfo rifiuta il grado di colonnello e passa al servizio dell'arciduca Ferdinando d'Austria; è ad Innsbruck al servizio di Massimiliano d'Asburgo.

1614. In Lombardia al servizio spagnolo combatte contro Carlo Emanuele I di Savoia.

1615?. Viene consacrato Cavaliere di Grazia e Devozione a Malta; combatte i turchi nel Mediterraneo e in Ungheria.

1616. Di nuovo in Lombardia come comandante di *tercios* contro i sabaudi.

1617. Partecipa alla Guerra di Gradisca contro Venezia.
12 gennaio: combatte a Crauglio.
15 marzo: viene ferito presso Gradisca, e occupa le trincee veneziane. Viene promosso luogotenente colonnello.

1622. Promosso colonnello Colloredo è in Valtellina col suo reggimento.

1623, 12 maggio. L'imperatore Ferdinando II concede il titolo di *Wohlgeborn* (Illustre) a Rodolfo di Colloredo.

1624. A Rodolfo viene conferita la nobiltà dell'Austria Inferiore.

▲ La battaglia di Liegnitz del 1636 in cui von Arnim sconfisse Girolamo di Colloredo

1624. Rodolfo di Colloredo diviene Conte di Wallsee, oltre a Conte del Sacro Romano Impero e di Colloredo.

1625. Colonnello proprietario del reggimento *Colloredo*, appena levato e formato da boemi. Milita con Wallenstein.

1626. Wallenstein lo invia in rinforzo a Tilly contro Cristiano IV di Danimarca. Colloredo si distingue il 27 agosto alla battaglia di Lutter am Baremberge.

1627. Combatte nello Jutland, in Mecklemburgo e in Moravia.

1628- 1631. Guerra di Mantova. Rodolfo di Colloredo è tra i *lanzichenecchi* (così Manzoni) che calano in Italia.

1631, 18 luglio Rodolfo di Colloredo espugna il ponte San Giorgio e la Porta del Volto Oscuro conquistando la città.
12 ottobre. Viene promosso Sergente Generale.

1632. 15 novembre. Blocca Gustavo Adolfo sul torrente Rippach, dando modo a Wallenstein di schierarsi in battaglia. Il 16 novembre comanda la fanteria imperiale a Lützen, dove viene ferito sette volte.

1633. Promosso Intendente Generale d'Artiglieria.
15 ottobre. Nominato Feldmaresciallo e membro del Consiglio Aulico

1634. Rifiuta le offerte del Wallenstein di unirsi a lui contro l'Imperatore in cambio del ducato del Friuli ed appoggia Ferdinando II, mantenendo leali le sue truppe all'imperatore.
25 febbraio. Morte di Wallenstein.
Conquista la Media Slesia ed il ducato di Öls (oggi Oleśnicy, in Polonia). Rodolfo di Colloredo rifiuta il comando in capo dell'esercito imperiale per tre volte. Comandante in capo dell'Armata di Slesia. Combatte contro gli svedesi di Baner e Torstensson
13 maggio. Il *Leutnantfeldmarschall* Girolamo di Colloredo viene sconfitto a Liegnitz (oggi Legnica), in Slesia, dall'esercito sassone di Hans Georg von Arnim.
21 giugno. Rodolfo di Colloredo e Marradas sconfiggono i sassoni di di Hans Georg von Arnim presso Lipsia.
19 agosto. Colloredo sconfigge i sassoni presso Praga.

1635- 1636. Combatte in Francia; viene fatto prigioniero dal maresciallo Armand Nompar de Caumont La Force presso Baccarat e costretto ad una temporanea riguardosissima prigionia in mano francese.

1636, 12 agosto. L'Imperatore concede a Rodolfo il titolo di *Hoch und Wohlgeborn Herr* (Illustrissimo).

1637. E'eletto gran priore dell'Ordine di Malta per la Lingua di Boemia e ambasciatore di Malta presso l'Imperatore.

1638, 24 luglio. Morte del fratello *General der Kavalerie* Girolamo, caduto sotto le mura della fortezza di Saint Omer.

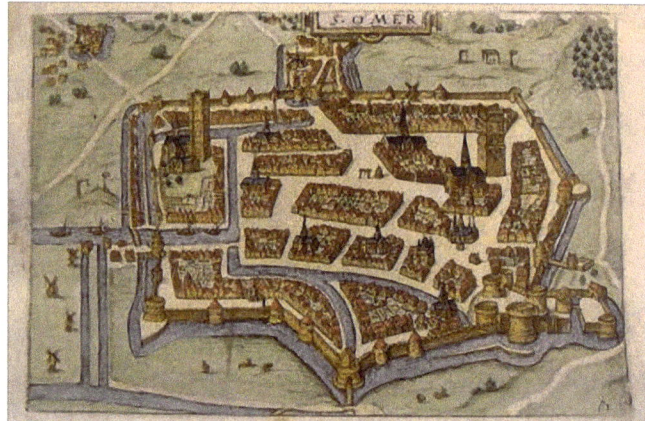

▲ Mappa della piazzaforte di Saint Omer investita dall'assedio del 1638

1642. Viene nominato Vicerè, Comandante in Capo dell'Esercito di Boemia e Governatore di Praga.

1647, 20 agosto. Colloredo sconfigge i protestanti a Triebl.

1648, 26 luglio. Colpo di mano svedese conto Praga, Colloredo si rifugia oltre la Moldava e rifiuta la resa. Battaglia del Ponte Carlo e sconfitta svedese.

1651. Nomina propri eredi i nipoti Fabio e Nicolò di Colloredo.

1654. Viene ultimato il palazzo Colloredo a Praga.

▲ Episodio dell'assedio di Praga del 1648

1657, 27 gennaio. Rodolfo di Colloredo, Governatore di Praga e viceré di Boemia muore e viene sepolto nella chiesa di Santa Maria sotto la Catena a Praga.

▲ La chiesa di Santa Maria sotto la Catena a Praga. Sulla destra si vede la statua di Colloredo.

▲ Ritratto del Feldmaresciallo Rodolfo di Colloredo da vecchio, con lo stemma dei Colloredo sullo scudo.

FONTI E BIBLIOGRAFIA

Fonti.

Archivio di Stato di Udine, *Fondo dei nobili signori di Colloredo Mels,* busta 7, fasc.7 (vi figurano: lettera di fra Rodolfo di Colloredo al marchese Fabritio Colloreto [1631], I deputati della terra di Guidizzolo promettono di versare al conte Fra Rodolfo di Collareto [sic] 30 cosmos [1631], Rodolphus a Colloredi conte di Walsee [sic] nomina suoi procuratori i marchesi Fabio e Nicolò [Colloredo] fratelli per tutti gli affari... concernenti Castiglione delle Stiviere... etc [1654]); Archivio di Stato di Venezia, *Senato. Lettere Provv. da Terra e da Mar*, filza 339 bis, *passim*; Ibid., *Senato. Dispacci Francia*, filza 76, lett. nn. 121 (allegata a questa copia delle istruzioni, del 31 maggio 1631, del Galasso al Colloredo), 125; Ibid., *Senato. Dispacci Germania*, filza 94, lett. nn. 148. 153; Ibid., *Senato. Dispacci Inghilterra*, filza 38, lett. del 27 luglio 1635; Udine, Biblioteca civica, ms. 1540: *Storia del Friuli. Appunti*, 4; *Gli ultimi successi di... Waldstein narrati dagli amb. ven.*, a cura di S. Gliubich, in *Archivfür Kunde österreich. Geschichts-Quellen*, XXVIII (1863), pp. 398-443 *passim*; *Diplomatarium relationum Gabrielis-Bethlen cum Venetorum Republica...*, a cura di L. Óváry, Budapest 1886, pp. 298, 311, 440; *Nuntiaturberichte aus Deutschland*, s. 4, *Nuntiatur des Pallotto...*, a cura di H. Kiewning, II, Berlin 1897, p. 267; *I libri commemoriali... diVenezia...*, a cura di R. Predelli, VII, Venezia 1907, pp. 143 ss.; *Monum. ... Uscocchorum*, a cura di C. Horvat, II, Zagabriae 1913, pp. 255, 258, 468 ss.; *Calendar of State papers... relating to English affairs... in Venice...*, XXIII, a cura di A. B. Hinds, London 1921, p. 425; F. Testi, *Lettere*, a cura di M. L. Doglio, Bari 1967, I, p. 316; II, p. 248; III, p. 551; Id., *Lett. ... a... Bolognesi...*, a cura di L. Varini in *Studi secenteschi*, XII (1971), pp. 434 s.; XIII (1972), p. 327; *Briefe und Akten zur Geschichte Wallensteins*, a cura di H. Hallwich, I-IV, Wien 1912, *ad vocem* (vi figurano, pure, alcune lettere del Colloredo); *Relazioni di ambasciatori veneti al Senato...*, a cura di L. Firpo, III, Torino 1968, pp. 710-748 *passim*, 856, 1073; *Docum. Bohaemica bellum tricennale illustrantia*, Praha 1971-1978, I, pp. 71-72, 150, 155, 168; III, pp. 39, 75, 92; IV-VI, *ad vocem*; F. Moisesso, *Historia della... guerra nel Friuli...*, Venetia 1623, I, pp. 45, 55, 114; II, pp. 27, 96; B. Rith von Colenberg, *Commentari della guerra... nel Friuli...*, Trieste 1629, pp. 113, 141, 167; M. Bisaccioni, *Commentario delle guerre... in Allemagna...*, Venetia 1633, p. 43; Id., *Memorie histor.*, Venetia 1642, pp. 214, 223; *Ribell. e morte del Volestain...*, Venetia 1634, p. 19; G. Gualdo Priorato, *Hist. delleguerre di Ferdinando II e... III...*, Venetia 1640, pp. 280, 286, 391 s.; Id., *Scena d'huomini illustri d'Italia*, Venetia 1659, *ad vocem* (riprodotta anche dal figlio dell'autore, N. Gualdo Priorato, *Theatro hist. egen. ...*, Colonia 1693, *ad vocem*); Id., *Vite et azioni di personaggi...*, Vienna 1674, pp. n.n. [pp. 220-223]; G. F. Loredan, *Bizzarrie academiche... aggiontovi la morte di Volestaim...*, Venetia 1654, p. 249; G. F. Palladio, *Historie... del Friuli...*, II, Udine 1660, p. 289; G. Capodagli, *Udine illustrata*, Udine 1665, pp. 588-596; A. Aubery, *L'histoire... de Richelieu*, I, Cologne 1666; G. Leti, *L'Italia regnante...*, I, Valenza [Ginevra] 1675, pp. 533 ss; Siri, *Delle memorie recondite*, V, Lione 1679, p. 206; Z. Nani, *Historie della Repubblica veneta*, in *Degl'ist. delle cose veneziane*, VIII, Venezia 1720, pp. 127, 162; B. dal Pozzo, *Hist. della... Religione... di Malta...*, II, Venezia 1715, p. 19; G. Graziani, *Histor. Venetarum libri...*, I, Patavii 1728, p. 106; G. V. Marchesi, *La galeria dell'onore...*, II, Forlì 1735, p. 536

Bibliografia.

A.Åberg, "The Swedish army from Lützen to Narva", in Roberts, M. (a cura di), *Sweden's Age of Greatness, 1632–1718*, London, 1973
.C. Allmayer-Beck: "Colloredo-Waldsee, Rudolf Graf von", *Neue Deutsche Biographie* Band 3, Berlin 1957.
R. Baumann, *I Lanzichenecchi. La loro storia e cultura dal Tardo Medioevo alla Guerra dei Trent'anni*, trad. it. Torino, 1997
G. Benecke, *Germany in the Thirty Years War*, London, 1978.
G. Benzoni "Colloredo, Rodolfo", in *Dizionario Biografico degli italiani*, vol. 27, Roma 1982.
L. Bianco, *1511, La "crudel zobia grassa"*, Gorizia 2010
G. Braida, *Un Colloredo in Inghilterra*, in *Mem. stor. forogiuliesi*, X [1914], pp. 70-73

R. Bonney, *The Thirty Years' War 1618–1648*, Oxford, 2002.
R. Brezinsky, *Lützen 1632. Climax of Thirty Years War*, Oxford 2001.
O. Brunner, *Vita nobiliare e cultura europea*, Bologna 1972,
Riccardo Caimmi, *La guerra del Friuli*, Gorizia, 2007.
C. Cantù, *Sulla storia lombarda del sec. XVII. Riflessioni*, Milano 1842.
G. Caprin, *Lagune di Grado*, Trieste 1890.
A. Catalano, cur., "Un episodio che non ha cambiato il corso della storia. L'assedio di Praga in due testimonianze inedite", *eSamizdat* 2004 (II) 1.
L. Cerno, "Le carte dei Signori di Colloredo all'Archivio di Stato di Udine. Il recupero di un archivio disperso", in *Il futuro della memoria. Atti del convegno internazionale di studi sugli archivi di famiglie e di persone. Capri 9- 13 settembre 1991*, Roma 1997.
L. Cristini. *1618-1648. La guerra dei 30 anni . Volume 1. Dal 1618 al 1632*, Milano 2007.
Id. , *1618-1648. La guerra dei 30 anni . volume 2. Dal 1632 al 1648*, Milano 2007 .
G. B. di Crollalanza, *Memorie storico-genealogiche della stirpe di Wallsee- Mels, con particolare interesse ai conti di Colloredo*, Pisa 1875.
G. C. Custoza, *Colloredo. Una famiglia e un castello nella storia europea*, Udine 2003
P. Dukes, Paul, ed., *Muscovy and Sweden in the Thirty Years' War 1630–1635*, Cambridge 1995.
R. Gargiulo, *Mamma li turchi. La grande scorreria del 1499 in Friuli*, Pordenone 1988.
A. Gindely, *History of the Thirty Years' War*, London, 1884.
M. P. Gutmann, "The Origins of the Thirty Years' War", *Journal of Interdisciplinary History*, vol. 18, 4, 1988.
W. von Janko: "Colloredo-Waldsee, Rudolf Graf von", *Allgemeine Deutsche Biographie* , Band 4, Leipzig 1876.
H. Langer, *The Thirty Years' War*, Poole, 1980.
G. Mann, *Wallenstein*, tr.it. Firenze, 1981.
M. E. Mallett, J. Rigby Hale, *The Military Organisation of a Renaissance State: Venice C. 1400 To 1617*, Cambridge, 2006
V. Mariani-V. Varanini, *Condottieri italiani in Germania*, Milano 1941.
J. V. Polisensky. *La Guerra dei Trent'Anni: da un conflitto locale a una guerra europea nella prima metà del Seicento*, tr.it. Torino, 1982.
F. von Schiller, *Storia della guerra dei Trent'anni*, tr.it. Milano, 2010.
A. Schmidt-Brentano, *Kaiserliche und k. k. Generale (1618–1815)*. Wien 2006.
C. A. Schweigerd: *Oesterreichs Helden und Heerführer: von Maximilian I. bis auf die heutige Zeit.* Band 2, Wien 1853
G.Parker, *The Thirty Years' War, London*, London, 1984.
G. Pages. *La Guerra dei Trent'Anni*, tr.it. Genova 1993.
Id. *La Rivoluzione Militare*, Bologna, 2005.
R. Quazza, *La guerra per la successione di Mantova*, Mantova 1926.
A. Roberts, *Gustavus Adolphus: A History of Sweden, 1611–1632*, London 1958.
V. Santon, *Al servizio degli Asburgo: carriere, famiglie e proprietà di nobili friulani in Austria tra seicento e settecento,* Università degli Studi di Trieste, a.a. 2010-2011.
S. Thion, *French Armies of the Thirty Years' War*, Auzielle 2008.
J. M. Thiriet, "Gli ufficiali italiani al servizio degli Asburgo nella Guerra dei Trent'anni: identità ed integrazione di una aristocrazia militare", in *Società Italiana di Storia Militare. Quaderno 1996- 1997*.
A.Turchini, *La guerra dei Trent'Anni*, Milano 1998
Sergio Valzania, *Wallenstein. La tragedia di un generale nella Guerra dei Trent'anni*, Milano, 2007
A. W. Ward, *The House of Austria and the Thirty Years War. Two lectures*, London 1869.
A. W. Ward, *The Cambridge Modern History, vol 4: The Thirty Years War*, Cambridge 1902
C. V. Wedgwood, *La Guerra dei Trent'Anni*, tr.it. Milano 1998
P. H. Wilson, *Europe's Tragedy: A History of the Thirty Years War*, London, 2009

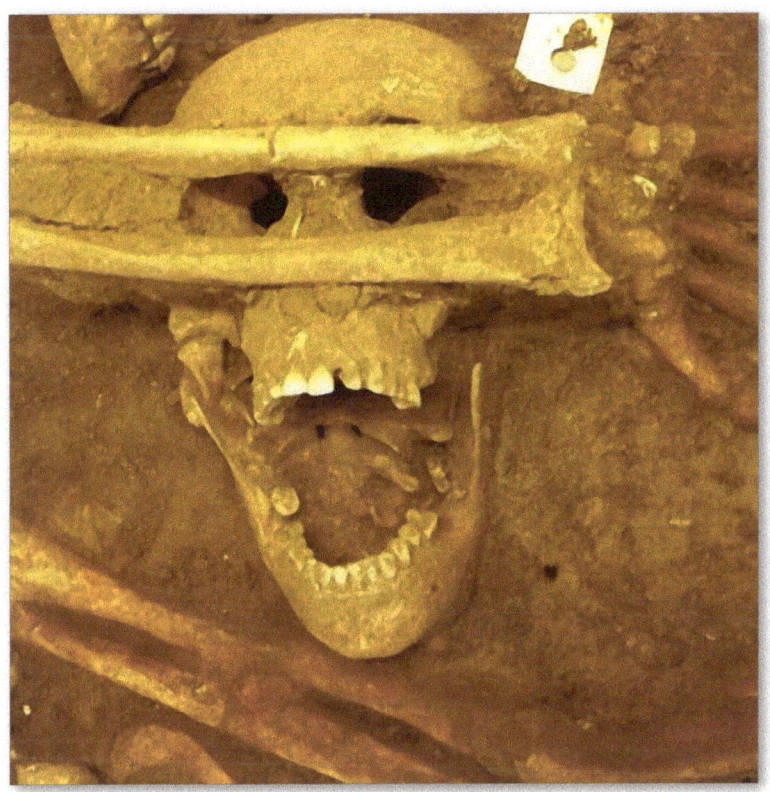

▲ I resti mortali di un caduto svedese della Brigata Blu sul campo di Lutzen (1632)

www.ingramcontent.com/pod-product-compliance
Lightning Source LLC
LaVergne TN
LVHW070528070526
838199LV00073B/6726